Maximilian Beck

Dr. Drohne [ˈdɒktə dʀoːnə]

Basiswissen für Steuerer unbemannter Flugsysteme auf dem Weg zur Aufstiegserlaubnis 2016

VERSION 2016 (altes Recht)

„Ein jeglicher will fliegen, ehe dann die Flügel gewachsen sind"

-Paracelsus-

Bibliografische Information der Deutschen Nationalbibliothek:
Die Deutsche Nationalbibliothek verzeichnet diese Publikation in der Deutschen Nationalbibliografie; detaillierte bibliografische Daten sind im Internet über http://dnb.dnb.de abrufbar.

© 2016 Maximilian Beck

3. Auflage (Version 2016)
Illustrationen: Maximilian Beck
Herstellung und Verlag: BoD – Books on Demand, Norderstedt

ISBN: 978-3-74125-0149

INHALTSVERZEICHNIS

Abkürzungsverzeichnis 11
Vorwort 15

Kapitel 1 – Viele Namen, eine Gemeinsamkeit 19
Duocopter/ Bicopter 23
Tricopter 23
Quadrocopter 24
Hexacopter 25
Octocopter 26

Kapitel 2: Luftrecht I: Abgrenzung Modell zu UAS 27
Sport- und Freizeitzweck: Flugmodelle und Genehmigungspflichten .. 30
Der Raketenantrieb und der Verbrennungsmotor 32
Flugplätze und Flughäfen 32
Menschenansammlungen 34
Sonstiger Zweck: unbemanntes Luftfahrtsystem 35
Abgrenzung *(allgemein und mit Blick auf das BMVI)* 37

Kapitel 3 – Luftrecht II: Die Aufstiegserlaubnis für UAS in Niedersachsen 45
Allgemeinerlaubnis 48
Erforderliche Dokumente und Beantragung 49
Der Versicherungsnachweis 51
Das Technische Datenblatt 51
Der Sachkundenachweis 52
Einweisung durch den Händler. 52
Der Besuch einer Schulung bzw. eines Seminars mit praktischer Prüfung 53
Weitere Möglichkeiten des Befähigungsnachweises 54
Umfang der Erlaubnis - Basics 55
Der örtliche Geltungsbereich 57

Die Betriebszeiten 57
Die Befristung 58
Verlängerung 58
Änderung/ Ergänzung 59
Anerkennung 59
Einzelerlaubnis 61
Erforderliche Dokumente 62
Genehmigung des Grundstückseigentümers 63
Lageplan. 64
Weitere für den Nutzungszweck erforderliche Unterlagen 64
Unbedenklichkeitsbescheinigung der Ordnungsbehörde/ Polizei 65
Unbedenklichkeitsbescheinigung der Nationalparkverwaltung 65
Flugverkehrskontrollfreigabe der Flugverkehrskontrollfreigabestelle . 66
Die Gefahrenanalyse 66
Sonstige Freigaben 66

Kapitel 4: Voraussetzungen, Kosten und Besonderheiten aller Bundesländer 69
Baden-Württemberg 72
Allgemeinerlaubnis 72
Einzelerlaubnis 73
Bayern 74
Allgemeinerlaubnis 74
Einzelerlaubnis 75
Berlin 76
Allgemeinerlaubnis 76
Einzelerlaubnis 76
Brandenburg 78
Allgemeinerlaubnis 78
Einzelerlaubnis 79
Bremen 80
Allgemeinerlaubnis 80
Einzelerlaubnis 81
Hamburg 82
Allgemeinerlaubnis 82

Einzelerlaubnis 82
Hessen 84
Allgemeinerlaubnis 84
Einzelerlaubnis 85
Mecklenburg-Vorpommern 86
Allgemeinerlaubnis 86
Einzelerlaubnis 87
Niedersachsen 88
Allgemeinerlaubnis 88
Einzelerlaubnis 89
Nordrhein-Westfalen 90
Allgemeinerlaubnis 90
Einzelerlaubnis 91
Rheinland-Pfalz 92
Allgemeinerlaubnis 92
Einzelerlaubnis 93
Saarland 94
Allgemeinerlaubnis 94
Einzelerlaubnis 95
Sachsen 96
Allgemeinerlaubnis 96
Einzelerlaubnis 97
Sachsen-Anhalt 98
Allgemeinerlaubnis 98
Einzelerlaubnis 99
Schleswig-Holstein 100
Allgemeinerlaubnis 100
Einzelerlaubnis 101
Thüringen 102
Allgemeinerlaubnis 102
Einzelerlaubnis 103

Kapitel 5 – Luftrecht III: Was darf ich mit meinem UAS? Rechte und Pflichten 105
Betrieb in Sichtweite gem. § 19 LuftVO/ FPV 107

MTOW 109
Flughöhe 109
Menschen und Menschengruppen 111
Naturschutzgebiete 114
Erlaubnis des Grundstückseigentümers 115
Benachrichtigungspflichten gegenüber Ordnungsbehörden ... 116
Steuerer 117
Der Start und Landeplatz 117
GPS Waypoint Betrieb / autonomer Flug 118
Überflug von Verkehrswegen und anderen Hindernissen 120
Flugvorbereitung 121
Andere Teilnehmer am Luftverkehr 122
Funksender und Störungen 123
Flugbuch 124
Unfallmeldungspflicht 125
Versicherungspflichten 126
Mitführungs- und Ausweispflichten 129
Flugplätze und Häfen 129
Flugverkehrskontrollfreigabe 130
Betrieb in RMZ 130
Weitere Bestimmungen und Hinweise 131
Flüge bei Nacht 133

Kapitel 6 – Luftrecht IV: Lufträume und Besonderheiten 135
Die Lufträume von G(eht) bis A(bsolut verboten) 137
CTR – Die Kontrollzone am Flughafen 140
Allgemeinverfügung der DFS für Aufstiege in Kontrollzonen ... 142
Flugverbote 142

Kapitel 7 – Andere Rechtsgebiete, die ein UAS berührt 145
Medienrecht und andere Rahmenbedingungen 147
Urheberrecht 147
Persönlichkeitsrecht 149
Datenschutzrecht 151
Allgemein zu beachten 152

Kapitel 8 – Betriebsabläufe und Checklisten **155**
Vor dem Start – Vorbereitung des Auftrages 158
Vor dem Start – Checkliste 161
Betriebsstart 163
Nach Start der Motoren 163
Wartung 164

Kapitel 9 – Kleine Kunde der Thermik und Aerodynamik **167**
Grundlagen 169
Thermische Auf- und Abwinde 170
Turbulenzen und Verwirbelungen 172
Auswirkungen von Wind, Thermik und Wetter auf den Einsatz 174
Aerodynamik und Bodeneffekt 175

Kapitel 10 – Apps und Helfer **177**
UAV Forecast 179
myFly Zone 181
Hover 183
Online Kartenmaterial 184
Online Schulung 186
Seite der Deutschen Flugsicherung 185
Deutscher Modellflugverband 185
Digitales Flugbuch 185
Paint.net 185

Kapitel 11 - Ordnungswidrigkeiten **187**
Mit welchen Bußgeldern muss ich rechnen? 193

Kapitel 12 – Was passiert in Zukunft? **195**
Deutschlands Pläne 197
Pläne von der EU 201
Die open-Kategorie 202
Die specific-Kategorie 203
Die certified-Kategorie 204

Kapitel 13: Flugübungen 205
Übung 1: Hovern 208
Übung 2: Schwebeflug „VOR und ZURÜCK" 209
Übung 3: Schwebeflug „VOR, U-TURN und ZURÜCK" 210
Übung 4: Schwebeflug „LINKS-RECHTS" 211
Übung 5: Schwebeflug links-rechts-hinten 212
Übung 6: Der Kreis 213
Übung 7: Ziel umkreisen 214
Übung 8: Rechteck 215
Übung 9: Position anfliegen 216
Übung 10: Die Acht 217
Übung 11: Der Nasenkreis 218
Übung 12: Parade 219
Sonstige Übungen 220
Landen 220
Anflugmanöver Spiegelverkehrt 220
Streckenschätzung 220

Kapitel 14 – Kontaktdaten der Landesbehörden 221

Kapitel 15 - Kontakt der Flugsicherung bei Verkehrsflughäfen 231

Quellen 245

Abkürzungsverzeichnis

AGL	**above ground limit** *de: über Grund*
ARF	**almost ready to fly** *de: fast flugfertig(es System)*
BMVI	**Bundesministerium für Verkehr und digitale Infrastruktur**
BOS	**Behörden und Organisationen mit Sicherungsaufgaben**
bspw.	**Beispielsweise**
DFS	**Deutsche Flugsicherung**
DMFV	**Deutscher Modellflugverband**
DMO	**Deutsche Modellflugorganisation**
FPV	**first person view** *de: Egoperspektive*
ft	**feet** *de: Fuß (Maßeinheit)*
GPS	**Global Position System** *de: globales Positionssystem (via Satellit)*

gr	Gramm
i.d.R.	in der Regel
kg	Kilogramm
km	Kilometer
LuftVO	Luftverkehrsordnung
LuftVG	Luftverkehrsgesetz
LuftVZO	Luftverkehrszulassungsordnung
m	Meter
MTOW	maximum take-off weight *de: maximales Abfluggewicht*
Mhz	Megahertz
NFL	Nachrichten für Luftfahrer *(Verwaltungsvorschrift)*
RPV	remotely piloted vehicle *de: ferngesteuertes Gerät*
RPAS	remotely piloted aerial system *de: ferngesteuertes Luftfahrtsystem*
UAV	unmanned aerial vehicle *de: unbemanntes Luftfahrtgerät*

UAS	**unmanned aerial system**	
	de: unbemanntes Luftfahrtsystem	
usw	**und so weiter**	
uvm	**und vieles mehr**	
VR	**virtual reality**	
	de: virtuelle Realität	
z. B.	**zum Beispiel**	

Vorwort

Seitdem es flugfertige Multicopter gibt, ist der Modellflugsport nicht mehr derselbe. Die Hersteller von almost-ready-to-fly-Systemen, bei denen lediglich die Propeller auf die Motoren montiert werden müssen, stecken eine Menge technisches Knowhow in die Geräte. Dies bewirkt, dass die Steuerung von unbemannten Flugsystemen -auch durch Unterstützung via GPS und Höhenmesser und dem Einsatz von Stabilisatoren- kinderleicht ist. Kein Wunder also, dass die Umsätze in diesem Bereich steigen und unter dem Weihnachtsbaum oder beim Geburtstag Multicopter angesagt sind.

Was viele Eltern oder Käufer der Multicopter nicht wissen: Es handelt sich um Luftfahrzeuge und bei _jedem_ Aufstieg, der nicht indoor stattfindet, gilt das Luftrecht. Hierbei ist bspw. die Höhe nicht entscheidend; auch 1 Meter ist ein Aufstieg. Während aktuell die Politiker sowohl in Deutschland als auch auf EU-Ebene nach schnellen Lösungen suchen und weitere Gesetze entwerfen, gibt es bereits jetzt viele Regelungen, die auf die Multicopter Anwendung finden.

Mit diesem Buch haben Sie das richtige Handwerkszeug, um im Paragraphendschungel nicht den Überblick zu verlieren und jederzeit zu wissen, was derzeit erlaubt ist und was nicht.

Hierzu werden die betreffenden Regelungen der Luftverkehrsordnung, des Luftverkehrsgesetzes und anderen relevanten Normen genau erklärt und mit Grundsätzen der Aufstiegserlaubnisse so aufgearbeitet, dass Sie das nötige Fachwissen erwerben.

Technische Details werden nur am Rand erwähnt, da es hierzu hinreichend andere Literatur gibt.

Da der Vormarsch der Multicopter erst seit einigen Jahren rechtlich begleitet wird, gilt der erste Rat:

Haben Sie immer ein offenes Auge und schauen auf den einschlägigen Seiten *(Voris, Gesetze im Internet)* **nach Gesetzesänderungen. Auch wenn die Legislative langsam erscheint, sie ist in diesem Bereich sehr aktiv. Meiden Sie das teilweise völlig falsche Halbwissen der Internetforen. Hier haben viele Menschen „die Weisheit mit großen Löffeln gefressen". Einiges stimmt, aber das Meiste ist leider falsch.**

Auch dieses Buch ist keine öffentliche Publikation des BMVI oder einer Luftfahrtbehörde, wodurch es speziell bei den föderalen Unterschieden keine 100%ige Garantie geben kann, aber wir sind nah dran. Fragen Sie im Zweifel immer Ihre örtlich zuständige Luftfahrtbehörde.

Doch bevor wir uns mit den Aufstiegserlaubnissen und den dafür erforderlichen Dokumenten am Beispiel des Bundeslandes Niedersachsen befassen, müssen wir einen Blick auf die Begrifflichkeiten werfen.

Zur Verbesserung des Leseflusses werden Endnoten statt Fußnoten verwendet. Sollten Sie eine Quelle nachschlagen wollen, finden Sie den Verweis am Ende des Buches.

Es werden teilweise Texte dargestellt, wie man sie in einem Forum finden könnte und im Anschluss relativiert bzw. richtiggestellt. So soll aufgezeigt werden, wie weit die rechtliche Realität von der „Internetwahrheit" entfernt ist.

Abb. 1: *Viele Köpfe, noch mehr Meinungen*[1]

Auch werden Fragen gestellt, wie sie wohl täglich in den Behörden gefragt werden. Diese „Zitate" sind grau hinterlegt und **_Fett-Kursiv_**.

In den Kapiteln werden Symbole zur leichteren Orientierung verwendet. Anhand folgender Legende finden Sie sich leicht zurecht:

 Hier handelt es sich um einen Tipp oder eine wichtige Information.

 An dieser Stelle ist Vorsicht geboten. Lesen Sie diese Stellen sehr genau, damit Sie keine Ordnungswidrigkeit begehen!

 Hier erhalten Sie besondere Informationen, die Sie in keinem Internet-Forum finden werden.

 **Dieses Zeichen macht Sie auf eine Neuregelung in 2016 aufmerksam.**

Kapitel 1 – Viele Namen, eine Gemeinsamkeit

Kapitel 1 – Viele Namen, eine Gemeinsamkeit

Multicopter, unbemanntes Luftfahrtsystem, UAS, UAV, RPAS, RPV, Quadro-, Hexa- und Octocopter oder auch Drohne: Die Vielfalt der Begriffe könnte kaum umfangreicher sein- und doch meinen alle im Prinzip das Gleiche. Um mitsprechen zu können, bekommen Sie hier einen kurzen Überblick der Bedeutungen.

Abb. 2 – *DJI Phantom im Einsatz*[2]

Im Volksmund werden unbemannte Flugsysteme der Hersteller wie DJI, Yuneec oder Parrot als **Drohnen** bezeichnet. Dieser Begriff ist nicht unbedingt falsch, aber durch die unbemannten, militärischen Flugsysteme der Vereinigten Staaten von Amerika negativ behaftet[3].

Mit Hilfe von Militärdrohnen führt die USA Krieg und tötet viele Soldaten und Zivilisten. Deutschland besitzt militärisch nur Aufklärungsdrohnen, dafür im Privatbereich eine stetig wachsende Zahl von kleinen Geräten zur Freizeitgestaltung oder kommerziellen Nutzung. Sprechen wir also von Drohnen, so weiß wohl ein Großteil unserer Mitmenschen worum es geht.

„Drohne sagt man nicht!"

Benutzt man diesen Begriff aber bei professionellen Anwendern der Szene, erntet man -unbegründet- wenig Zuspruch. Im fachlichen Gespräch sollte man es also vermeiden, von Drohnen zu sprechen, wenn auch im Privatgebrauch der Begriff durchaus legitim ist.

Der korrekte Fachbegriff ist auch zeitgleich ein Oberbegriff: **Multicopter**. Er leitet sich von der Antriebsart ab. Im Gegensatz zu einem ferngesteuerten Helikopter, hat ein Multicopter mehrere Motoren mit Propellern, die das Gerät in die Luft befördern. Die jeweilige Anzahl der Antriebe bringt neue Namen mit sich, abgeleitet aus dem Lateinischen *(Es gibt auch andere Drohnen, die nicht detailliert erklärt werden, weil sie eine absolute Minderheit darstellen)*.

Bei vier Antrieben handelt es sich bspw. um **Quadrocopter** *(oder auch Quadcopter)*, bei sechs Antrieben um **Hexacopter** und bei acht Antrieben um **Octocopter**. Eine logische Auflistung ergibt sich:

- ✈ 2 Rotoren = Duocopter/ Bicopter
- ✈ 3 Rotoren = Tricopter
- ✈ 4 Rotoren = Quadrocopter
- ✈ 6 Rotoren = Hexacopter
- ✈ 8 Rotoren = Oktocopter

Auf den folgenden Abbildungen ist ersichtlich, wie die jeweiligen Motoren angeordnet sein können und wie diese gegenläufig agieren um für den nötigen Auftrieb zu sorgen.

Duocopter/ Bicopter

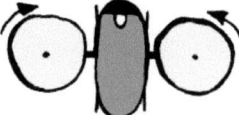

Abb. 3: Bicopter[4]

Zweimotorige Flugsysteme mit einem beispielhaften Aufbau *(B1)*. Diese sind eher eine Seltenheit, auch bedingt durch das instabile Flugverhalten. Die gängigsten Modelle beginnen ab dem Tricopter aufwärts.

Tricopter

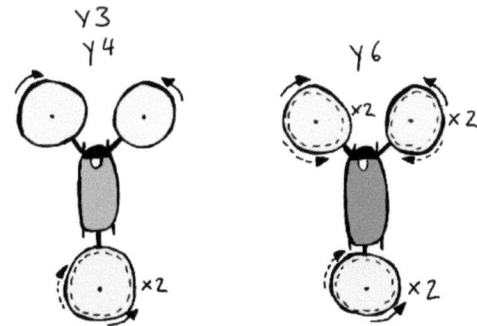

Abb. 4: Tricopter[5]

Dreimotorige Flugsysteme mit beispielhaftem Aufbau *(Y3)*. In der Regel ist der Aufbau in Form eines Y, wobei das Heck nur einen Antrieb hat. Diese Geräte sind auch eher selten gesehen.

Wie die Abbildung zeigt, können auch „unten" weitere Rotoren verbaut werden, sodass es sich dann um einen Quadro- *(Y4)* oder Hexacopter handelt *(Y6)*.

Quadrocopter

Abb. 5: *Quadrocopter*[6]

Viermotorige Flugsysteme mit beispielhaftem Aufbau *(Quad X)*. Beim Aufbau Quad + ist ein Antrieb vorne und einer im Heck, sowie an den Seiten. Der Aufbau ähnelt einem Pluszeichen.

Dieser Aufbau ist eher selten, denn die meisten Geräte, wie bspw. der DJI Phantom, sind von Aufbau her ein Quad X. Hier sind zwei Antriebe vorne und zwei am Heck, sodass der Aufbau in der Draufsicht einem X ähnelt.

Auch hier können Antriebe ergänzt bzw. verdoppelt werden, sodass man am Ende einen Octocopter hat.

Hexacopter

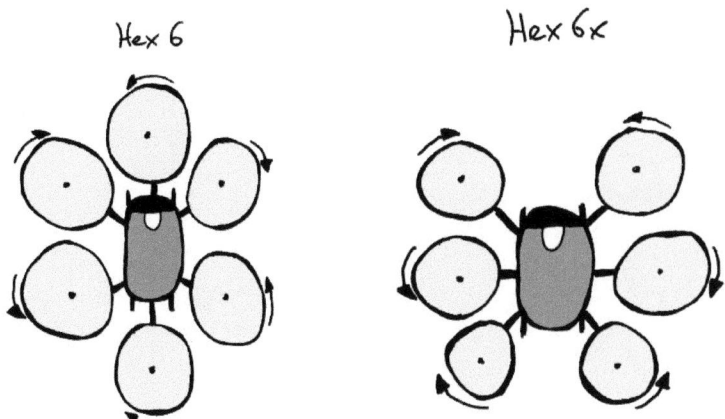

Abb. 6: Hexacopter[7]

Sechsmotorige Flugsysteme mit beispielhaftem Aufbau *(Hex6)*. Analog zum Aufbau von Quadrocoptern gibt es auch hier eine Version „+" und eine Version X. Traditionell ist hier der Aufbau mit einem Antrieb an der Front.

Ein Merkmal eines Hexacopters ist die Redundanz. Bei einem ausfallenden Antrieb kann das Gerät i.d.R. noch sicher gelandet werden. Doch lassen Sie sich nicht einreden, dass eine Notlandung ein Kinderspiel ist.

Fällt ein Motor aus, gerät der Copter ins Trudeln und ist sehr schwer zu steuern. Trotzdem ist ein Hexacopter aufwärts sicherer einzustufen als ein Bi-, Tri- oder Quadcopter.

Octocopter

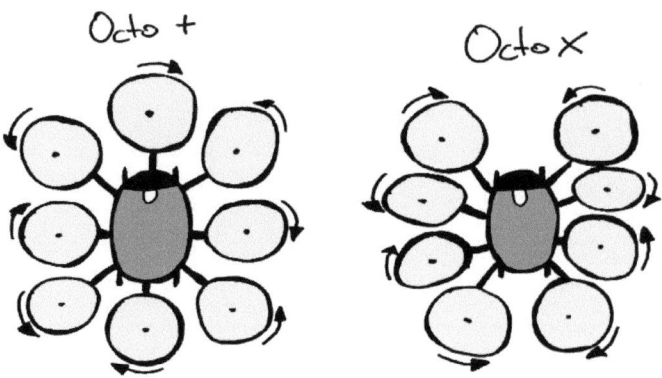

***Abb. 7**: Octocopter[8]*

Achtmotorige Flugsysteme mit beispielhaftem Aufbau (Octo+). Analog zum Aufbau von Quadrocoptern gibt es auch hier eine Version „+" und eine Version „X". Traditionell ist wie beim Hexacopter der Aufbau mit einem Antrieb an der Front. Ein Merkmal ist ebenfalls wie beim Hexacopter die Redundanz.

Bei einem ausfallenden Antrieb kann das Gerät i.d.R. noch sicher gelandet werden. Durch acht Antriebe ist der Octocopter in Bezug auf die Fluglage und die Ausfallwahrscheinlichkeit am sichersten einzustufen, hat aber beim Ausfall eines Motors die gleichen Probleme des Trudelns wie ein Hexacopter.

Kapitel 2: Luftrecht I:
Abgrenzung Modell zu UAS

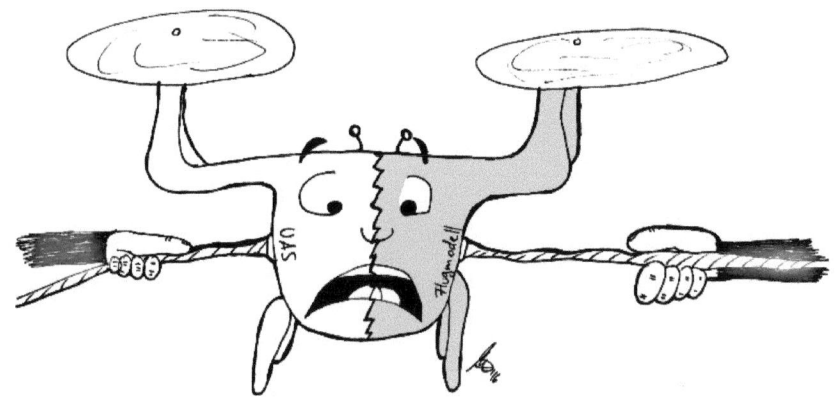

Kapitel 2 – Luftrecht: Abgrenzung Modell zu UAS

Ein großes- wenn nicht sogar das größte Problem- stellt die Abgrenzung des Verwendungszweckes dar. Denn der jeweilige Zweck entscheidet bereits bei Geräten unter 5 kg[9] maximaler *Abflugmasse (MTOW)* ob eine Aufstiegserlaubnis benötigt wird oder der Betrieb ohne eine Genehmigung erfolgen kann[10]. Generell gilt vorerst, unabhängig vom Einsatzzweck:

	Unter 5 kg (Modell), 10kg (UAS)/ Elektroantrieb	Über 5 kg/ Verbrennungsmotor	Über 25 kg
Modell	Keine Erlaubnis erforderlich	Einzelerlaubnis erforderlich	Auf Modellflugplatz erlaubt
UAS/ UAV	All. Aufstiegserlaubnis erforderlich	Einzelerlaubnis erforderlich ab 10kg	Verboten

Abb. 8: *Erfordernis einer Erlaubnis*[11]

Folglich ist bei UAV und Flugmodellen ab einem Abfluggewicht von 25 kg der Betrieb auf freien Flächen verboten oder nur im Sonderfall genehmigungsfähig. Die Begrenzung ist im Rahmen der Gefahrenabwehr sehr sinnvoll. Wie wir später erfahren werden, können bereits wenige Kilogramm aus geringer Höhe einen immensen Schaden anrichten.

 **Wer ein Modell über 25 kg betreiben will, sollte einen Modellflugplatz suchen, der für diese Klasse zugelassen ist.**

Eine große Zahl an Modellflugplätzen hat eine Zulassung bis zu 150 kg. Ein Anruf beim nächsten Modellflugverein bringt hier Gewissheit. Doch wie kann nun abgegrenzt werden? Welches sind die Kriterien abgesehen von Antrieb und Gewicht?

Sport- und Freizeitzweck: **Flugmodelle** und Genehmigungspflichten

Ein Multicopter kann rechtlich ein Modellflieger sein **oder** auch ein unbemanntes Luftfahrtsystem darstellen.

> *„Ich habe mir so eine Drohne gekauft. Brauch ich eine Genehmigung für private Flüge?"*

Entscheidend ist neben den physischen Werten, also bspw. dem Gewicht, besonders der Verwendungszweck.

Handelt es sich um den Sport- und Freizeitzweck[12], wird der Multicopter rechtlich als **Flugmodell** gesehen und unterliegt verhältnismäßig wenig rechtlichen Bestimmungen. Betreibt man seinen Multicopter im Sport- und Freizeitzweck, so dient dieser Betrieb ausschließlich der privaten Freizeitgestaltung oder ist im Bereich des *(Modellflug-)* Sports angesiedelt.[13] Bis auf die folgenden Ausnahmen ist keine Aufstiegserlaubnis erforderlich.

Gemäß § 20 Abs. 1 Nummer 1. a) – e) LuftVO ist lediglich eine **Genehmigung erforderlich für Aufstiege von Flugmodellen:**

> ↷ über 5 kg MTOW Abflugmasse,

- ✈ mit Raketenantrieb, sofern der Treibsatz mehr als 20 Gramm beträgt,

- ✈ mit Verbrennungsmotor mit weniger als 1,5 km Entfernung zu Wohngebieten,

- ✈ aller Art in einem Umkreis von 1,5 km zu Flugplätzen; auf Flugplätzen bedarf der Betrieb von Flugmodellen darüber hinaus der Zustimmung der Luftaufsichtsstelle oder der Flugleitung,

- ✈ aller Art, soweit sie über Menschenansammlungen betrieben werden.

Ergänzend zu der Aufführung muss man die o.g. Punkte kurz erläutern.

Die Abflugmasse *(MTOW)* ist das tatsächliche Gewicht des Flugmodells *(inkl. Akku oder Tankfüllung und sämtlichem verbauten Zubehör beim Start)* und darf nicht mit dem zulässigen Startgewicht verwechselt werden. Dieses entspricht nämlich dem Gewicht, mit dem das Gerät vom Hersteller aus maximal starten dürfte, bzw. kann. Das so genannte MTOW[14] ist also das Gewicht, mit dem der Multicopter aktuell in der Luft ist und nicht, was theoretisch gemäß der Betriebsanleitung möglich wäre. In der Regel sind die Maximalwerte von Seiten der Hersteller angepasst und belaufen sich z. B. beim DJI Inspire RAW auf 3,5 kg[15]. Ein Blick in die Gebrauchsanweisung bringt Licht ins Dunkel. Auf den Internetauftritten der Hersteller sind die Payloads *(mögliche, zusätzliche Ladung)* ebenfalls ersichtlich.

 Bestimmen Sie das Gewicht vor jedem Aufstieg mit Extraladung. Sicher ist sicher.

Der Raketenantrieb und der Verbrennungsmotor sind Antriebe, die ein erhöhtes Gefahrenpotential und einen höheren Geräuschpegel mit sich bringen. Daher werden diese Geräte im Bereich des Sicherheits- und Ordnungsgedanken reglementiert. Denn ein brennendes Gerät, welches auf ein Wohnhaus verunglückt, bringt einen schwer kalkulierbaren Schaden mit sich.

> *„Du musst nur bei großen Flughäfen aufpassen, da darf man nur bis 30m hochfliegen"*

Flugplätze und Flughäfen haben im Luftrecht hohe Priorität, da sich hier die bemannte Luftfahrt befindet. Von daher gilt –ohne Sondererlaubnis- für Flugmodelle aller Art, ein **Flugverbot** innerhalb eines Radius von 1,5km zur Flugplatzbegrenzung[16].

Speziell Verkehrsflughäfen und militärische Flugplätze haben eine Kontrollzone, welche den 1,5km Radius deutlich übersteigt. Der Aufstieg ist in diesen Bereichen nur nach Freigabe durch die Flugleitung *(Tower)* erlaubt[17]. Hier gibt es eine Sonderregelung *(Allgemeinverfügungen der DFS, Austro Control und TTC)*.

 Als Flugplätze gelten nicht nur Verkehrsflughäfen. Auch Segelfluggelände und Landeplätze von Hubschraubern *(auch bei Krankenhäusern)* sind zu beachten!

Abb. 9*: Helicopterlandeplatz im Stadtgebiet[18]*

Vor einem Aufstieg <u>innerhalb</u> des 1,5 km Radius wird eine Flugverkehrskontrollfreigabe der Flugaufsicht zwingend erforderlich. <u>Zusätzlich</u> muss eine Sondererlaubnis der zuständigen Luftfahrtbehörde eingeholt werden[19]. Mehr zu dem Thema Flugverkehrskontrollfreigabe gem. § 21 LuftVO, Kontrollzonen und Lufträume erfahren Sie in Kapitel 6.

Hier finden sich auch Informationen zu der o. g. Allgemeinverfügung der DFS, Austro Control und TTC zum Aufstieg von Flugmodellen und unbemannten Luftfahrtsystemen in Kontrollzonen[20].

Menschenansammlungen sind eine Mehrzahl von Menschen an einem Ort. Wie viele allerdings am Ort sein müssen, um eine Menschenansammlung darzustellen, ist in der Definition ungenau.
Während man in der Schweiz von mehr als zwei Dutzend Personen ausgeht[21], gilt nach deutscher Rechtsprechung: „Eine Menschenansammlung ist das Zusammensein einer Vielzahl von Menschen, d.h. einer so großen Personenmehrheit, dass ihre Zahl nicht sofort überschaubar ist und es auf das Hinzukommen oder Weggehen eines einzelnen nicht mehr ankommt".[22]

Abb. 10: *Mit Multicopter erlaubt? Wohl kaum!*[23]

Da dies eine sehr auslegungsfähige Aussage darstellt, wird aus Behördensicht von einer Personenzahl von ca. 12 Personen ausgegangen.

> *„Solange das nur ein paar Menschen sind, brauchst du dir keine Gedanken machen!"*

 Um auf der sicheren Seite zu sein, sollte für das Flugmodell beim Überflug von mehreren Menschen eine Erlaubnis beantragt werden.

Generell sollten Überflüge von Menschen vermieden werden, da die Gefahr einer ernsthaften Verletzung zu groß ist.

Sonstiger Zweck: unbemanntes Luftfahrtsystem

Sofern man einen Multicopter nicht ausschließlich im Bereich des o.g. „Sport- und Freizeitzweckes" betreibt, so handelt es sich um einen sonstigen Zweck. Der sonstige Zweck wird häufig als „gewerblicher Zweck" definiert, was leider nicht immer korrekt ist. Der sonstige Zweck ist nämlich deutlich breiter aufgestellt:

So kann ein Multicopter auch im Bereich der Forschung eingesetzt werden, welche in der Regel primär keine finanziellen Absichten verfolgt. Es gilt also vorher zu präzisieren, welchem Zweck der Betrieb dient. Eine Gemeinsamkeit haben alle untergeordneten Betriebsmöglichkeiten des sonstigen Zweckes:

Der Multicopter wird als unbemanntes Luftfahrtsystem gewertet und bedarf gem. § 20 Abs. 1 Nummer 7 LuftVO der Erlaubnis. Zudem gilt es einen entsprechenden, meist gewerblichen, Versicherungsschutz zu gewährleisten.

 **In der Praxis dominiert der gewerbliche Zweck. Forschung bzw. „Veröffentlichung ohne gewerblichen Zweck" o. ä. spielt eine eher untergeordnete Rolle.**

In gewerblichen Aufstiegserlaubnissen werden die Einsatzzwecke des UAS meist sehr detailliert dargestellt.

Der Klassiker ist hierbei natürlich der Einsatz zum Erstellen von Bildern und Videos aus der Vogelperspektive. Speziell im Bereich der Spielfilmproduktionen oder Dokus sind Luftaufnahmen kaum noch wegzudenken und der gewöhnliche Standard.

Weitere Einsatzgebiete werden laufend entwickelt und ergänzen die bereits etablierten gewerblichen Möglichkeiten der Luftbilderstellung durch bspw.:

- ✈ Vermessung,
- ✈ Thermographie,
- ✈ Gutachten,
- ✈ Baustelleninspektionen,
- ✈ Aufspüren und Vergrämung von Wildtieren,
- ✈ Suche von Lawinenopfern,
- ✈ Wartung von Photovoltaik- und Windkraftanlagen,
- ✈ Ermittlung von Brandherden uvm.

Der Einsatz ist also nicht nur für Fotografen und Filmemacher sinnvoll, sondern bietet auch Dachdeckern und Gutachtern gute Möglichkeiten zur Optimierung der betriebseigenen Abläufe.

Abgrenzung *(allgemein und mit Blick auf das BMVI)*

Ein generelles Problem stellt die Abgrenzung vom „Sport- und Freizeitzweck" zum „sonstigen Zweck" dar, speziell, wenn **nicht** gewerblich geflogen werden soll. Das Hauptproblem ist die Definition, ab wann das Fliegen nicht mehr der Freizeitgestaltung dient. Auch hier herrscht in Deutschland kein einheitlicher Konsens und viele verschiedene Ansichten von einem Bundesland zum nächsten.

Während in mancher Behörde bereits eine gewerbliche Nutzung vermutet wird, sobald eine Kamera an dem Multicopter verbaut ist und zum Einsatz kommt, so ist der Deutsche Modellfliegerverband *(DMFV)* mit vielen anderen Bundesländern anderer Ansicht.

Laut dem Verbandsjustiziar Carl Sonnenschein, ist eine Kamera kein Indiz für eine kommerzielle Nutzung,[24] was auch durch das Bundesministerium für Verkehr und digitale Infrastruktur *(BMVI)* hinlänglich bestätigt wurde[25].

Allerdings kann ein unkommerzieller Fotoflug problemlos die Grenze des Sport- und Freizeitzweck überschreiten. Dies wurde bisher offiziell vom DMFV nicht bedacht, stellt eine Grauzone dar und kann zum Bußgeldbescheid führen. Denn wie soll man einen Multicopter rechtlich einordnen, der dazu genutzt wird, ein **unentgeltliches Foto im Auftrag für einen Dritten zu erstellen?** Und das vielleicht noch mehr als einmal?

 Hier stellt sich definitiv die Frage, ob diese Gefälligkeiten tatsächlich im Rahmen der Sport- und Freizeitgestaltung stattfinden *(können)* oder man sich vielleicht doch bereits im Bereich des sonstigen Zwecks befindet. Bei einer gewissen Regelmäßigkeit und einer sehr professionellen Gestaltung und Umsetzung der Projekte, kann man sicher davon ausgehen, dass eine Erlaubnisbedürftigkeit gegeben ist.

Ebenso verhält es sich bei der Veröffentlichung der Bilder in sozialen Netzwerken, wie Facebook, YouTube, Vimeo, der eigenen Homepage usw. Auch hier ist nach Meinung des DMFV keine gewerbliche Nutzung zu vermuten[26].

„Was ich auf Facebook mache, ist doch meine Privatsache."

Dies lässt sich aus Behördensicht auch in gewisser Weise unterschreiben, allerdings ist auch hier zu beachten, in welchem Rahmen die Veröffentlichung stattfindet.

Generell kann nämlich auch hier bei z. B. einer **privaten** Facebookseite eines **gewerblichen** Fotografen die veröffentlichte Luftaufnahme anders bewertet werden, als die vom 14-Jährigen, der seinen Multicopter aufsteigt und das damit erstellte Video per Upload der Welt zur Verfügung stellt. Bedingt durch ungenaue Gesetze und das Ermessen des Sachbearbeiters ist hier Vorsicht geboten.

Oft werden in den Videos mehrfach Regeln des Luftrechts gebrochen, sodass ein Ordnungswidrigkeitenverfahren eingeleitet werden kann.

Sehr grenzwertig kann der **Facebook- Upload** werden, wenn die Bilder bspw. auf einer kommerziellen **Facebook-Seite** eines Fotografen veröffentlicht werden *(also nicht auf seinem Privatprofil)* oder wenn die Bilder von der Presse geteilt oder veröffentlicht werden- die Presse nutzt die Bilder in dem Fall gewerblich. Eventuell können Sie aber als Inhaber der Bildrechte eine Unterlassung der Veröffentlichung fordern.

Sofern nicht nachgewiesen werden kann, dass Sie eine Unterlassung gefordert haben, kann vermutet werden, dass die Aufnahmen außerhalb des Sport- und Freizeitzweckes für die Presse gefertigt worden sind.

Es ist sehr zu empfehlen, die Bilder gar nicht oder nur dem privaten Freundeskreis freizugeben,[27] um dieser Problematik zu entgehen.

„Meine Seite können doch nur meine Freunde sehen, wo ist das Problem?"

In den Einstellungen sollte ebenfalls festgelegt werden, dass Inhalte nicht teilbar sind. Denn im schlimmsten Fall werden Ihre Luftbilder von Freunden geteilt, deren Profile ungeschützter sind. So kommen die Bilder dann am Ende vielleicht doch in falsche Hände.

Auch bei der Videoplattform **YouTube** kann es zu einem Abgrenzungsproblem kommen. Denn ab einer gewissen Anzahl von Aufrufen eines Videos können von Seiten YouTubes Werbeanzeigen geschaltet werden.

Diese bringen Geld, eine gewerbliche Absicht kann dann durchaus vermutet werden. Als Benutzer kann man in den Einstellungen festlegen, ob Werbung geschaltet werden soll oder nicht. Eine entsprechende Einstellung ist sehr ratsam, wenn man sich selbst absichern möchte.

Ebenfalls kann es bei solchen Videos rechtlich problematisch werden, die aufwendig produziert worden sind oder als Imagevideo veröffentlicht werden- auch ohne Bezahlung. Sicher lässt es sich vortrefflich darüber streiten, ob bei professionell wirkenden Videos und Luftbildern noch der Sport- und Freizeitzweck vorhanden ist, weil man „aus Hobby schon früher immer Filme produziert hat und man auch sonst einen Großteil der Freizeitgestaltung mit dem Fotografieren verbringt". Im Einzelfall kann hier ein Urteil sicher sehr differenziert ausfallen.

Die Frage ist und bleibt also: Bis wann ist der Sport- und Freizeitzweck noch gegeben?

Es folgen ein paar Beispiele, wann man definitiv vom Freizeitzweck sprechen kann, ergänzt mit der Abgrenzung durch das BMVI[28]:

- ✈ **Betrieb auf einem Modellflugplatz.** Hier ist die Abgrenzung nicht ganz so schwer, weil der Betrieb auf einem Modellfluggelände stattfindet und der Freizeitzweck gegeben ist.

- ✈ **Privatflüge in „freier Wildbahn", mit Erstellung von Luftaufnahmen.** Sofern Luftbilder erstellt werden, die nur im Privatbereich genutzt werden, ist die Frage des Einsatzzweckes gemäß BMVI und der Luftfahrtbehörden nicht strittig.

- ✈ **Als Hersteller oder Verkäufer von Multicoptern.** Hersteller und Verkäufer, sowie deren Angestellte, können zu Demozwecken im Rahmen der Produktvorführung einen Multicopter ebenfalls ohne Erlaubnis aufsteigen lassen.

➤ **Als gesponserter Modellflieger.** Sofern ein Modellflieger für die Ausübung seines Hobbies ein Sponsoring *(also finanzielle Mittel)* erhält und im Gegenzug auf Veranstaltungen fliegen muss, wird nach Aussage des BMVI trotzdem der Sport- und Freizeitzweck angenommen.

➤ **Als honorierter „Gastflieger".** Erhält ein Gastflieger eine monetäre Aufwandsentschädigung oder ein Honorar, Verpflegung, Unterkunft oder auch Reisekosten vom ausrichtenden Verein, wird ebenfalls ein Hobby subsumiert.

➤ **Als Produkttester.** Sofern ein Multicopter zu Testzwecken für eine Fachzeitschrift von einem Modellflieger gesteuert wird und dafür ein Autorenhonorar erhält, wird auch dieses nicht als gewerblich angesehen.

Unter Berücksichtigung der o. g. Punkte, ist also eine Menge erlaubt, ohne dass es einer Erlaubnis bedarf.

 **Zur Sicherheit sollte allerdings immer mit der jeweiligen Landesluftfahrtbehörde über den Einsatzzweck gesprochen werden, wenn Zweifel bestehen.**

Da bisher nur neben dem Freizeitzweck der gewerbliche Zweck oder der Forschungszweck geprüft wurde, sollte man bei Flügen für andere mit wiederkehrender Regelmäßigkeit, eine Erlaubnis bei der Luftaufsichtsbehörde anfragen.

 **Bei Streitigkeiten um den Einsatzzweck steht der DMFV helfend zur Seite und bietet rechtliche Beratung an.**[29]

„Da bin ich mir ziemlich sicher, dass du keine Erlaubnis brauchst!"

Im größten Zweifel und vor einer „ich glaube das ist so in Ordnung"-Entscheidung sollte immer die Landesluftfahrtbehörde kontaktiert werden.

Eine Aufstiegserlaubnis bringt bspw. viele Rechte und Pflichten mit sich. Im folgenden Kapital wollen wir auf diese im Detail eingehen. Beachten Sie zuvor die grafische Zusammenfassung.

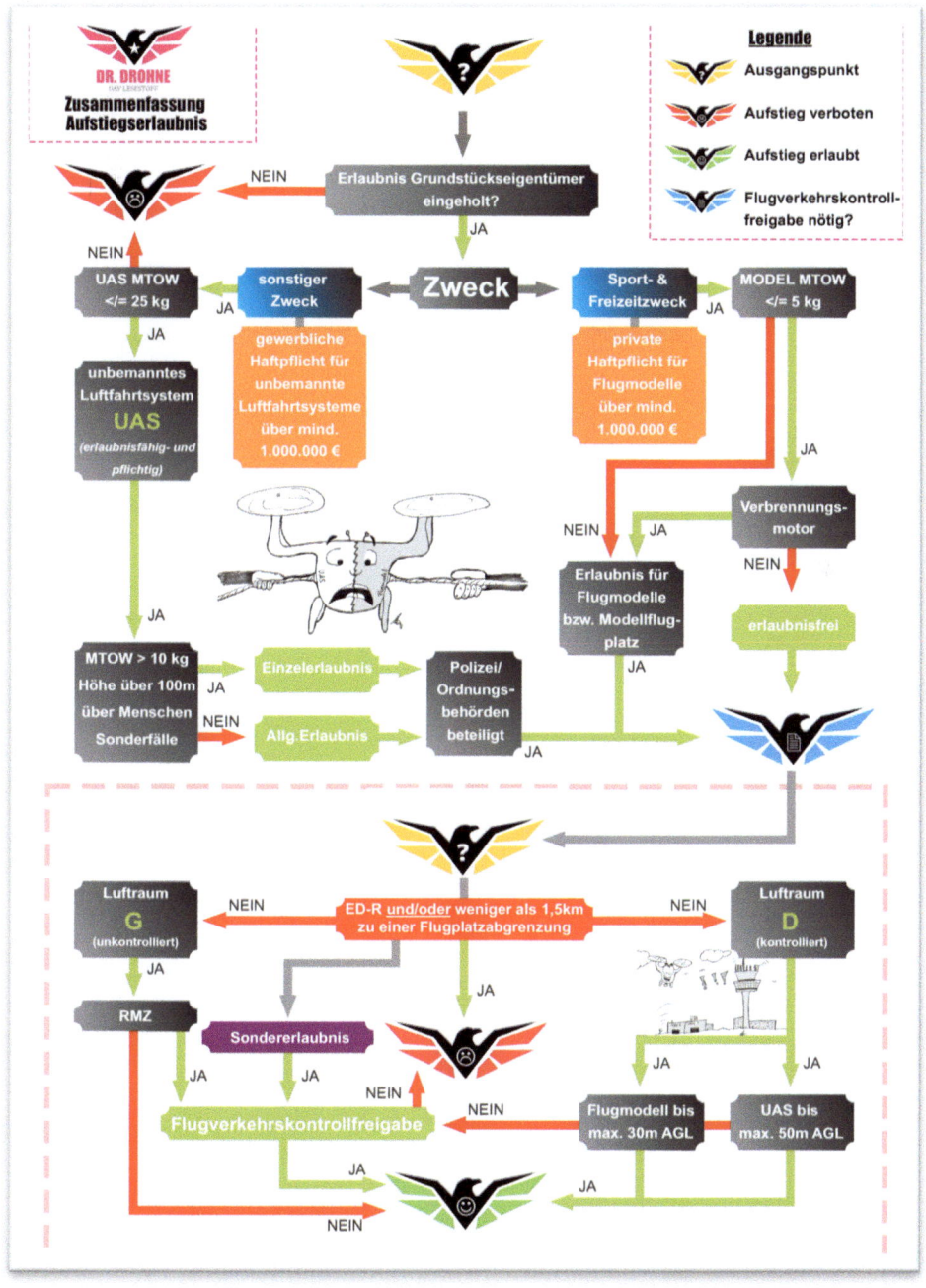

Abb. 11: *Zusammenfassung Aufstiegserlaubnis*[30]

Kapitel 3 – Luftrecht II: Die Aufstiegserlaubnis für UAS in Niedersachsen

Kapitel 3 – Luftrecht: Die Aufstiegserlaubnis für UAS in Niedersachsen

Befinden wir uns rechtlich im Bereich der unbemannten Luftfahrtsysteme *(UAS)* wird eine Erlaubnis benötigt.

Die einzelnen Bundesländer haben die Hoheit der landeseigenen Erlaubnis[31]. Das heißt im Detail, dass jedes Bundesland bei der Umsetzung der Luftverkehrsordnung und NfLs sein eigenes Süppchen kocht.

Doch welche Arten gibt es und welche erforderlichen Dokumente müssen der Behörde beigebracht werden? Hier gibt es föderale Unterschiede zwischen den Bundesländern und eine wirkliche Einigung scheint nicht so schnell gefunden zu werden.

Im Folgenden soll ein Einblick gegeben werden, welche Dokumente Sie in **Niedersachsen** beibringen müssen. Niedersachsen als Referenz liegt nah, da hier die Kriterien sehr umfassend sind.

 **Welche Dokumente in den anderen Bundesländern erbracht werden müssen, wird in Kapitel 4 in Kurzform dargestellt.**

Bei der Genehmigung gilt es vorab zu unterscheiden, ob der geplante Einsatz einmalig sein wird[32] oder eine Allgemeinerlaubnis angestrebt wird. Die Behörden entscheiden, ob eine Allgemeinerlaubnis erteilt werden kann oder nur eine Einzelerlaubnis in Frage kommt.

Abb. 12: Paperwork bei der Antragsstellung[33]

Allgemeinerlaubnis

Die Allgemeinerlaubnis gestattet dem Inhaber den <u>dauerhaften</u> Betrieb eines UAS im Befristungszeitraum. Der Umfang richtet sich nach den gemeinsamen Grundsätzen der *(Bundes-)*Länder mit dem Namen **Nachrichten für Luftfahrer**, kurz NfL.

Wichtigste Grundvoraussetzung für eine Allgemeinerlaubnis ist, dass das Gerät elektrisch betrieben wird und ein maximales Abfluggewicht von 10kg nicht übersteigt.

 Hier gab es am 20.07.2016 eine Änderung der „Gemeinsamen Grundsätz", da bis dahin nur bis 5kg MTOW eine Allgemeinerlaubnis erteilt werden durfte.

Falls Sie noch kein Gerät erworben haben sollten: Die beliebtesten Geräte von z. B. DJI, Yuneec und Parrot **überschreiten** das MTOW nicht. Das MTOW vom DJI Phantom liegt bspw. bei etwa 1,3kg, eines DJI Inspire bei ca. 3,4 kg und des S1000 je nach Zubehör bei etwa 9,0 kg.

Die Befristung der Allgemeinerlaubnis in Niedersachsen ist bei Ersterteilung auf ein Jahr festgesetzt. Die Erlaubnis erzeugt Verwaltungsgebühren von 150,00 € und kann um jeweils zwei Jahre verlängert werden, sofern der Antrag auf Verlängerung vor Ablauf der Erlaubnis gestellt wird. Die Verwaltungskosten betragen für eine Verlängerung regelmäßig 75,00 € und für Änderungen *(z. B. Nachtrag eines Steuerers)* 30,00 €. Eine Anerkennung von Erlaubnissen anderer Bundesländer findet hingegen nicht statt.

„In Bremen habe ich viel weniger bezahlt."

Bitte beachten Sie hier auch die Unterschiede der Bundesländer, denn in Nordrhein-Westfalen bspw. hat die erste Erlaubnis bereits eine zweijährige Laufzeit, verursacht aber dafür Verwaltungsgebühren von 250,00 € und wird nicht vergünstigt verlängert. In NRW kann eine andere Erlaubnis dafür für nur 50,00€ anerkannt werden.

Erforderliche Dokumente und Beantragung

Das Wichtigste ist der Antrag an sich. Ein Formular kann auf der Homepage der Landesluftfahrtbehörde Niedersachsen heruntergeladen werden *(natürlich auch bei den anderen Landesbehörden)*. Die entsprechende Internetadresse für den Antrag auf Erteilung ist: www.luftverkehr.niedersachsen.de. Natürlich kann der Antrag auch selbst gestaltet werden. Diese Informationen sollten für juristische Personen darin enthalten sein:

- **Name und Anschrift** des Unternehmens,
- **Unternehmensform**,
- **Angaben zum gesetzlichen Vertreter** *(als Kostenschuldner)*,
- **Daten aller Steuerer** *(Geburtsdaten und Anschriften)*,
- **Angaben zu dem unbemannten Luftfahrtsystem** *(Anzahl der Antriebe und die Art des Antriebes)*,
- **Angaben zur Versicherung** und der Deckungssumme,
- **Angaben zum geplanten Einsatzzweck** des unbemannten Luftfahrtsystems und
- **Erklärung der Einhaltung des Datenschutzes**[34].

Diese Angaben sind die Mindestanforderung, damit die Erlaubnis erteilt werden kann und es keine Nachfragen von Seiten der Behörde gibt. Für Einzelunternehmer und Privatpersonen gilt der Antrag analog. **Merke:** Je weniger nachgefragt werden muss, desto schneller ist die Erlaubnis bearbeitet und erteilt.

Einen vorgefertigten Antrag finden Sie bei <u>allen</u> Landesluftfahrtbehörden. Nutzen Sie diese, um nichts zu vergessen.

Zusätzlich sind diverse Nachweise zu erbringen, welche die Angaben des Antrages festigen sollen. Auch hier wird es in den einzelnen Bundesländern unterschiedlich gehalten und eine klärende Rückfrage bei der zuständigen Behörde ist ratsam. In Niedersachsen sind folgende Unterlagen zu erbringen:

- ✈ **Versicherungsnachweis in Form der Police,**
- ✈ **Technisches Datenblatt,**
- ✈ **Auszug aus dem Vereins-, Handels- oder Genossenschaftsregister** bei juristischen Personen und Gesellschaften des Handelsrechts,
- ✈ **Einsatzzweck** des UAV und ein
- ✈ **Sachkundenachweis.**

Um etwas genauer auf die Unterlagen einzugehen, werden im Folgenden die Begriffe und damit verbundenen Inhalte genauer erläutert.

Der Versicherungsnachweis bezeugt die von Ihnen gemachten Angaben im Antrag und gibt Einblick in den tatsächlichen Umfang des Versicherungsschutzes. Genauer bedeutet das, dass mit der eingereichten Versicherungspolice überprüft werden kann, ob gewerbliche Flüge mitversichert sind und ob die Deckungssumme ausreichend ist *(weitere Infos in Kapitel 5).*

Das Technische Datenblatt, auch Specs genannt, gibt dem Sachbearbeiter die Möglichkeit der Einsichtnahme in die technischen Daten des Gerätes. Die technischen Rahmendaten sind mitunter für die Bewilligung des Antrages sehr wichtig.

Aus dem Datenblatt kann entnommen werden, wie hoch das maximal zulässige Gesamtgewicht des Systems ist, auf welchen Frequenzen der Betrieb erfolgt und welche Sicherheitsvorrichtungen *(z. B. Failsafe[35] etc.)* vorhanden sind.

Sollte ein Multicopter ein zulässiges Gesamtgewicht über 10kg ermöglichen *(bspw. DJI S1000)*, ist vor dem Start sicherzustellen, dass das tatsächliche Abfluggewicht diesen Wert nicht übersteigt.

Sofern das unbemannte Luftfahrtsystem gewerblich betrieben werden soll, muss als Anlage ein/e Registerauszug/ Gewerbeanmeldung beigefügt werden. Für die Verwaltung ist es wichtig einen Kostenschuldner zu ermitteln. Der Kostenschuldner ist der Geschäftsführer der Firma oder der Vereinsvorsitzende, welcher gegenüber der Behörde haftbar gemacht wird.

Unter dem Zweck ist zu verstehen, dass der Behörde mitgeteilt werden muss, welche Art der Nutzung erfolgen soll, also z.b. Luftbilder, Vermessungen, Forschung, Inspektion usw.

Der Sachkundenachweis oder auch Befähigungsnachweis wird nicht in jedem Bundesland für Geräte unter 10 kg gefordert, ab 10 kg ist er aber bundesweit verbindlich. Gemäß den Nachrichten für Luftfahrer 786 I 16 als Grundsatz für alle Landesverwaltungen kann „die Erteilung einer Erlaubnis (...) von einer Prüfung der Befähigung des Steuerers (...) abhängig gemacht werden."[36] Das Land hat zu entscheiden, ob ein Nachweis gefordert wird oder nicht. In Niedersachsen ist ein Befähigungsnachweis zwingend erforderlich. Doch wie kann dieser beigebracht werden? Hier einige Möglichleiten:

Einweisung durch den Händler. Bei Kauf des Multicopters beim Fachhändler sollte gleich erfragt werden, ob vom Händler eine Einweisung vorgenommen werden kann. Ein Teil sollte sowohl die technische Einweisung, als auch eine kurze Einführung in das Luftrecht sein *(mit diesem Buch sind Sie allerdings schon sehr gut aufgestellt).* Kernelement sollte am Ende ein Probeflug sein, welcher mit einer Flugprüfung abgeschlossen und vom Händler zertifiziert wird. Dieses Zertifikat fügen Sie als Nachweis dem Antrag bei.

Der Besuch einer Schulung bzw. eines Seminars mit praktischer Prüfung für Multicopter. Schulungen sind mittlerweile flächendeckend im Bundesgebiet vorhanden, leider geprägt durch unterschiedliche Qualitäten und Preise. So gibt es Preisspannen von ca. 50,00 € bis 2500,00 €.

Vergleichen Sie die Angebote der Schulungen sorgfältig und lassen Sie sich vorab über die Inhalte und den Umfang aufklären. Die Firma Spectair bspw. hat zwar hohe Kosten, die Nachweise sind aber dafür TÜV-zertifiziert.

Mit diesem Buch in der Rückhand reicht derzeit sicherlich eine *praktische Prüfung*.

Derzeit ist nur ein praktischer Nachweis in Niedersachsen Pflicht. Die theoretische Sachkunde ist nicht zwingend erforderlich, aber natürlich sehr zu empfehlen! Eine Änderung steht mit der kommenden LuftVO bevor!

Bei der nächsten Möglichkeit des Befähigungsnachweises kann gewaltig Geld gespart werden. Denn alternativ zum gewerblichen Anbieter gibt es mittlerweile viele Modellflugvereine, die eine entsprechende Prüfung -auch in Verbindung mit theoretischer Sachkunde- im Portfolio haben. Diese Prüfungen können meistens günstig absolviert werden.

Im Kapitel Flugübungen finden Sie einige Figuren und Übungen aus dem Modellflug, die Ihnen in einer Prüfung über den Weg laufen könnten.

Weitere Möglichkeiten des Befähigungsnachweises

Ebenfalls kann eine längere, möglichst **aktive Mitgliedschaft im Modellflugverein** von mindestens 12 Monaten oder eine Pilotenlizenz in Niedersachsen anerkannt werden, meist in Verbindung mit dem geführten Flugbuch und den darin enthaltenen Praxisstunden.

In Hamburg gibt es spezielle Vorflugtermine bei der Behörde, dafür werden keine Schulungen anerkannt. Ähnliche Vorflüge bietet aus Sachsen-Anhalt an.

Eine zusätzliche Möglichkeit stellt die Anerkennung einer Erlaubnis eines anderen Bundeslandes **als Nachweis der Sachkunde** dar (auch in Hamburg). Eine allgemeine Anerkennung und 1:1 Übernahme der eingereichten Erlaubnis aus einem anderen Bundesland findet in Niedersachsen allerdings nicht statt. *(Mehr dazu unter dem Punkt Anerkennung).*

„Reicht es nicht, wenn ich Ihnen sage, dass ich schon seit 3 Jahren unfallfrei fliege?"

 Eine Selbstbeurkundung kann in Niedersachsen nicht anerkannt werden. Ebenso reicht ein vorgelegtes Flugbuch oder ein Auszug der DJI Go App auch nicht aus.

Abb. 13: *Checkliste Erlaubnis*[37]

Umfang der Erlaubnis - Basics

Als Erlaubnisinhaber gilt die Firma bzw. juristische Person. Ein Inhaber kann mehrere Steuerer eintragen lassen, die in seinem Namen ein UAV bedienen können[38].

Die Steuerer werden ebenfalls schriftlich fixiert. Hier werden der Name und die Geburtsdaten festgehalten.

In Niedersachsen ist eine maximale Anzahl von 6 Steuerern vorgesehen, andere Bundesländer haben andere Begrenzungen.

> *„... und wenn ich dann eine Erlaubnis habe, was darf ich dann generell?"*

Der Umfang der Erlaubnis beinhaltet den Betrieb von unbemannten Luftfahrtsystemen mit einer Gesamtmasse von je maximal 10 kg ohne Verbrennungsmotor bis zu einer maximalen Höhe von 100 m über Grund *(AGL = Above Ground Level)* im erteilten Befristungszeitraum. Es dürfen also die handelsüblichen Systeme, bspw. die DJI Phantom, Inspire 1 und der Yuneec Q500 betrieben werden. Die Höhe von 100 m über Grund sollte stets eingehalten werden *(hierzu in Kapitel 5 mehr)*.

Es gibt ein Betriebsverbot für UAS sofern über Menschen und Menschenansammlungen, Unglücksorten, Katastrophengebieten und anderen Einsatzorten von Polizei oder anderen Behörden und Organisationen mit Sicherheitsaufgaben *(BOS)* sowie in Luftsperrgebieten und Gebieten mit Flugbeschränkungen *(§ 17 LuftVO)* erfolgt[39].

 **Per Einzelerlaubnis können Flüge über z. B. Menschenansammlungen ermöglicht werden *(Siehe Einzelerlaubnis)*.**

Ein Aufstiegsverbot gilt auch für den Betrieb über Justizvollzugsanstalten, Industrieanlagen, Anlagen der Energieerzeugung und –Verteilung und militärischen Anlagen, soweit diese Stellen den Betrieb **nicht ausdrücklich gestattet** haben[40]. Eine Gestattung wäre bspw. ein Auftrag der Stadtwerke, das örtliche Kraftwerk für Inspektionszwecke zu überfliegen oder ein Luftbild des örtlichen Solarparks zu erstellen.

Der Zweck der Aufstiege wird schriftlich festgehalten und kann erweitert werden. In der Regel wird allerdings von Seiten der Behörde recht pauschal „Luftaufnahmen" oder „Forschung" eingetragen. Dies bietet viel Luft für verschiedenste Unternehmungen.

In einigen Bundesländern wurden die verschiedenen Geräte namentlich aufgeführt, was eine Zuordnung leichter gestaltet. Gemäß der NfL 1-786-16 ist dieses nicht mehr nötig.

Der örtliche Geltungsbereich der Allgemeinerlaubnis ist grundsätzlich auf den Zuständigkeitsbereich der erteilenden Behörde gekoppelt, denn bedingt durch die föderale Struktur der Bundesrepublik erteilt jedes Bundesland seine eigenen Erlaubnisse.

Im Klartext heißt das für Unternehmen, die deutschlandweit Ihre UAV nutzen wollen, 16 Rechtsakte und bis zu 16 mal Gebühren; also jede Menge Arbeit und Kosten.

„Ich würde gern ein Video vom Feuerwerk machen!"

Die Betriebszeiten eines unbemannten Luftfahrtsystems gelten von 30 min vor Sonnenaufgang bis 30 min nach Sonnenuntergang.

Nachtflüge sind verboten und in Niedersachsen zurzeit auch per Einzelerlaubnis nicht oder nur in besonderen Einzelfällen in einigen Bundesländern genehmigungsfähig.

Abb. 14: *DJI Inspire kurz nach Sonnenuntergang*[41]

Die Befristung. In Niedersachsen ist die Befristung bei Ersterteilung ein Jahr. Gemäß dem bundeseinheitlichen Grundsatz soll eine Befristung „auf einen Zeitraum von längstens zwei Jahren[42]" festgelegt werden.

Verlängerung

Eine Verlängerung einer Allgemeinerlaubnis ist generell möglich. Nicht verlängert werden sollen Erlaubnisse, bei denen die Inhaber im Erteilungszeitraum *(massiv)* gegen Bestimmungen verstoßen haben oder Anhaltspunkte vorliegen, dass die Erlaubnis missbräuchlich verwendet worden ist[43]. Die Verlängerung kann im Regelfall zügiger als eine Ersterlaubnis erteilt werden, da die Sachbearbeiter auf einen bereits vorhandenen Datenstamm zurückgreifen können. Je nach Bundesland müssen bei der Verlängerung weniger Unterlagen eingereicht werden. In einigen Bundesländern wird zusätzlich das Flugbuch angefordert, bevor die Verlängerung erteilt wird.

Die Kosten für die Erteilung einer Verlängerung sind deutlich geringer, als die der Ersterteilung. In vielen Bundesländern wird die Hälfte genommen[44]. In Niedersachsen werden 75,00 € Verwaltungskosten bei einer dann zweijährigen Laufzeit berechnet. Da die Verlängerung in allen Bundesländern die Maximallaufzeit von 2 Jahren hat, können sich zwischenzeitlich eventuell Steuerer oder Systeme ändern.

Änderung/ Ergänzung

Eine Änderung kann immer vorgenommen werden und ist in der Regel kostenpflichtig. Die Mindestsumme beträgt gemäß Abschnitt VI Ziffer 16a in Verbindung mit *(kurz: i. V. m.)* § 2 Absatz 2 LuftKostV ein Zehntel bis höchstens fünf Zehntel der Gebühr einer Ersterteilung. In Niedersachsen beträgt die Gebühr der Ersterteilung 150,00 €. Eine Änderung wird mit zwei Zehntel, also 30,00 € berechnet *(hier ist der Rahmen in den anderen Ländern nur minimal abweichend).*

Anerkennung

Eine nach den Grundsätzen der NfL 1-786-16 erteilte Allgemeinerlaubnis kann von anderen Landesluftfahrtbehörden für Ihren Zuständigkeitsbereich anerkannt werden[45].

In Niedersachsen beispielsweise wird nicht anerkannt. Die Kosten sind hier sehr unterschiedlich und reichen von 25,00 € bis hin zu 50% der Ursprungserlaubnis.

Abb. 15: *Übersicht der Anerkennung*[46]

Bei der Anerkennung müssen neben der bestehenden Erlaubnis teilweise weitere Unterlagen eingereicht werden *(meistens Versicherung und Formular)*.

Im Fokus steht hier eher die Kostenersparnis als der Abbau von Bürokratie.

Doch Vorsicht: Die Anerkennung ist an die Ursprungserlaubnis gekoppelt. Sollte diese bald auslaufen, sollte man mit der Anerkennung warten, bis die Ursprungserlaubnis verlängert worden ist.

Wer deutschlandweit agieren möchte, kann mit einer gut geplanten Anerkennungsreihenfolge viel Geld sparen.

Ob und unter welchen Voraussetzungen eine Anerkennung erfolgt, kann auf den jeweiligen Homepages der Luftfahrtbehörden erlesen bzw. bei den jeweiligen Sachbearbeitern erfragt werden.

Manche Bundesländer erkennen bspw. zwar generell an, aber nicht die Ursprungserlaubnisse aus Bayern und Thüringen. Dies begründet sich in den dortigen Allgemeinverfügungen, die keine wirklichen Erlaubnisse darstellen.

Hier endet das Basiswissen für eine Allgemeinerlaubnis. Nähere Details zum Umfang und zu Nebenbestimmungen finden Sie in Kapitel 5.

Einzelerlaubnis

Die Einzelerlaubnis ist der Allgemeinerlaubnis sehr ähnlich. Auch das Antragsformular ist lediglich um einige Punkte ergänzt und nahezu identisch formuliert. Benötigt wird die Einzelerlaubnis für:

- ✈ Geräte über 10 kg MTOW <u>und / oder</u> mit einem anderen Antrieb als Elektromotor.

- ✈ Flüge in Gebieten und Bereichen, die in einer Allgemeinerlaubnis nicht möglich sind *(Flüge über 100m AGL, in Sperrgebieten usw.)*.

- ✈ Einzelflüge in einem „fremden" Bundesland.

- ✈ Spezialeinsätze *(z.B. Abwurf von Gegenständen, Nachtflügen, Flügen außer Sicht oder über Menschen)*.

- ✈ Generell Flüge in **Berlin**.

Eine Einzelerlaubnis wird in der Regel auf einen einzelnen Tag und Ort bestimmt. In Niedersachsen werden Verwaltungskosten von 75€ in Rechnung gestellt.

Erforderliche Dokumente

Allgemein sind viele der einzureichenden Dokumente identisch zur Allgemeinerlaubnis. Daher werden diese nur noch einmal kurz erwähnt. Folgende Unterlagen sind analog zur Allgemeinerlaubnis nötig:

- ✈ **Ausgefüllter Antrag**: Hier sind noch zusätzlich der genaue Aufstiegsort und die **genaue Aufstiegszeit** zu nennen, sowie die **Anzahl der Aufstiege**,
- ✈ **Versicherungsnachweis**,
- ✈ **Befähigungsnachweis**,

- ↪ **Technisches Datenblatt** des Gerätes,
- ↪ **Einsatzzweck** des Betriebes *(hier sehr wichtig)* und
- ↪ bei juristischen Personen **Auszug aus dem Handels- oder Vereinsregister.**
- ↪ **Datenschutzerklärung,**
- ↪ **Lageplan mit Eintragung des Aufstiegsortes und Flugraumes, Angabe der Aufstiegsstelle** *(Gemarkung, Flur- und Flurstückbezeichnung oder Ort, Straßenbezeichnung* und *Hausnummer),*
- ↪ **Einverständniserklärung des Grundstückseigentümers oder sonstigen Berechtigten der Aufstiegsstelle,**
- ↪ **weitere für den Nutzungszweck erforderliche Unterlagen, insbesondere**
    - o eine Unbedenklichkeitserklärung der zuständigen Ordnungsbehörde/Polizeidienststelle,
    - o innerhalb von naturschutzrechtlichen Schutzgebieten: Gestattung bzw. Unbedenklichkeitsbescheinigung der zuständigen Naturschutzbehörde,
    - o bei einem Betrieb über Menschenansammlungen eine Gefährdungsanalyse[47].

Jetzt wollen wir einen detaillierten Blick auf die zusätzlichen und noch nicht zuvor erwähnten Dokumente werfen:

Genehmigung des Grundstückseigentümers.

Für die Aufstiegsorte sind entsprechende Genehmigungen vorab einzuholen. Sollten Sie den Auftrag haben, ein Haus zu fotografieren, kann man dies als Genehmigung ansehen.

Bei öffentlichen Straßen und Plätzen ist die Kommune der Grundstückseigentümer und entsprechende zu beteiligen. **Weitere Infos in Kapitel 5.**

Lageplan. Einen Lageplan können Sie bspw. mit Google-Earth erstellen. Hierfür können Sie den Ort suchen, einen Screenshot machen, dann in Programmen wie Paint oder Photoshop weiterbearbeiten und die entsprechenden Bereiche farblich markieren. Alternativ geht das natürlich auch manuell. Eine entsprechende Skizze könnte in etwa die Gestalt der folgenden Abbildung haben.

Abb. 16: *Musterbeispiel eines Lageplans*[48]

Weitere für den Nutzungszweck erforderliche Unterlagen.
Im bestimmten Bereichen oder für manche Zwecke werden weitere Unterlagen benötigt. Hier die wichtigsten:

Unbedenklichkeitsbescheinigung der Ordnungsbehörde/ Polizei. Keiner kennt die Gegebenheiten vor Ort besser als die Kommunalverwaltung. Daher ist von dieser eine Unbedenklichkeitsbescheinigung einzuholen und der Luftfahrtbehörde vorzulegen. Inhaltlich kann diese etwa folgenden Wortlaut haben: „Unter Berücksichtigung der durch die Luftfahrtbehörde erlassenen Auflagen der Einzelerlaubnis sprechen aus Sicht der Kommune XY keine Bedenken gegen einen Aufstieg auf dem Gelände XY am TT.MM.JJJJ in der Zeit von SS:MM bis SS:MM."

Abb. 17: *Das Foto zum Lageplan von Abbildung 16*[49]

Unbedenklichkeitsbescheinigung der Nationalparkverwaltung. In Naturschutzgebieten ist diese Bescheinigung oder auch Erlaubnis ebenfalls vorab einzuholen. In Niedersachsen handelt es sich u. a. um die Naturschutzgebiete Wattenmeer und Nationalpark Harz *(in letzterem herrscht ein generelles Verbot für Multicopter).*

Flugverkehrskontrollfreigabe der Flugverkehrskontrollfreigabestelle. Vor Flügen im kontrollierten Luftraum ist die Flugverkehrskontrollfreigabestelle zu beteiligen.
Nur mit einer Freigabe kann die Einzelerlaubnis erteilt werden *(Ausnahme: z. B. DFS Allgemeinverfügung NfL 1-681-16)*

Die Gefahrenanalyse. Für Flüge über Menschen kann „eine Erlaubnis zum Aufstieg von unbemannten Luftfahrtsystemen über Menschenansammlungen (...) davon abhängig gemacht werden, dass das Gerät mit einem Rettungssystem bzw. redundanten Systemen *(insb. Antrieb und Sender/Empfänger-Einheit*) ausgestattet ist, die vorhandenen Sicherheitsvorkehrungen und Notfallverfahren, insbesondere der eingebauten

Notfallsysteme im Falle eines Verlustes der Funkverbindung, ausreichend beschrieben sind".[50] Eine entsprechende Erlaubnis ohne Gefahrenanalyse ist also nicht möglich. Auch wenn tendenziell Flüge über Menschen erlaubnisfähig sind, dürfte eine Erlaubnis trotzdem schwer zu bekommen sein. **Freuen Sie sich auf das nächste Buch von Dr. Drohne zum Thema SORA und Risikoeinschätzungen, welches planmäßig im 2. Quartal 2017 erscheinen wird.**

Der Flug über Menschenansammlungen wurde erst mit der NfL 1-786-16 ermöglicht.

Sonstige Freigaben. In speziellen Fällen sind auch andere Behörden etc. zu beteiligen. Zum Beispiel muss bei Querung eines Kanals oder Wasserverkehrsweges auch eine Freigabe eingeholt werden.

Abb. 18: Nicht jeder Aufstieg ist möglich[51]

Im Rahmen der Einzelerlaubnis sollte man mit seiner Luftfahrtbehörde vorab in Kontakt treten und erfragen, welche Dokumente zur Erteilung bei Ihrem Einzelfall benötigt werden.

Kapitel 4:
Voraussetzungen, Kosten und Besonderheiten aller Bundesländer

Voraussetzungen, Kosten und Besonderheiten aller Bundesländer: Der Überblick

Auf den nächsten Seiten finden Sie eine kleine Übersicht von den zu erbringenden Dokumenten pro Bundesland.

Bei Fragen finden Sie entsprechende Infos zu den aufgeführten Punkten, wie bspw. Sachkundenachweis, in Kapitel 3.

Der entsprechende Zeitraum der eingeholten Informationen ist **November/ Dezember 2016.**

Abb. 19: Deutschlandkarte[52]

Die Informationen sind stichpunktartig aufgebaut, damit die Übersicht gegeben ist. Die Verwaltungsgebühren sind in circa angegeben, da in besonderen Fällen die Erlaubnisse durch Mehraufwand „teurer" werden.

Mit diesen Informationen ersparen Sie sich den einen oder anderen Anruf und können Ihre wertvolle Zeit mit Fliegen verbringen, anstatt die teilweise unübersichtlichen Internetseiten der Landesluftfahrtbehörden zu durchsuchen. Bedingt durch den schnellen Wandel der Gesetze können sich natürlich Änderungen ergeben.

Baden-Württemberg

Allgemeinverfügung

→ Ausgefüllter Antrag mit persönlichen Daten
→ Datenschutzerklärung
→ *(gewerblicher)* Versicherungsnachweis mit ersichtlicher Deckungssumme

Befristung: 2 Jahre
Verwaltungsgebühren: 0,00 €

Bearbeitungszeit: gilt nach 3 Tagen als gültig

Anerkennung anderer AEs: nicht notwendig

Besonderheiten: In Baden-Württemberg werden keine Allgemeinerlaubnisse erteilt.

Hier gibt es eine Allgemeinverfügung. Das bedeutet deutlich weniger Papierarbeit und keine Verwaltungsgebühren. Die Geräte werden nach eingereichtem Antrag zwar registriert, aber es gibt keinen kostenpflichtigen Erlass.
Die Erklärung ist nach zwei Jahren erneut abzugeben.

Einzelerlaubnis

- Ausgefüllter Antrag mit persönlichen Daten
- Datenschutzerklärung
- *(gewerblicher)* Versicherungsnachweis mit ersichtlicher Deckungssumme
- Technisches Datenblatt des Multicopters
- Ggf. Handelsregisterauszug oder Gewerbeanmeldung
- Befähigungsnachweis/ Sachkundenachweis

Und zusätzlich:

- Zustimmung des Grundstückseigentümers vom Aufstiegsort
- Detailgetreue Angabe von Aufstiegsort- und Zeit, Anzahl der Aufstiege
- Lageplan mit Aufstiegsgebiet
- Einverständniserklärung der Ordnungsbehörden/ der örtlichen Polizei
- weitere für den Nutzungszweck erforderliche Unterlagen *(siehe Kapitel 3)*

Befristung: 4 Wochen
Verwaltungsgebühren: ca. 75,00 € - 200,00 €
(Änderungen mind. 30€)

Bearbeitungszeit: ca. 3 Wochen

Besonderheiten: Genereller Befristungszeitraum von 4 Wochen.

Bayern

Allgemeinverfügung

↣ Ausgefüllter Antrag mit persönlichen Daten
↣ Datenschutzerklärung
↣ *(gewerblicher)* Versicherungsnachweis mit ersichtlicher Deckungssumme

Befristung: 2 Jahre
Verwaltungsgebühren: 0,00 €

Bearbeitungszeit: gilt nach 3 Tagen als gültig

Anerkennung anderer AEs: nicht notwendig

Besonderheiten: In Bayern werden keine Allgemeinerlaubnisse erteilt.

Hier gibt es eine Allgemeinverfügung. Das bedeutet deutlich weniger Papierarbeit und keine Verwaltungsgebühren. Die Geräte werden nach eingereichtem Antrag zwar registriert, aber es gibt keinen kostenpflichtigen Erlass.
Die Erklärung ist nach zwei Jahren erneut abzugeben.

Einzelerlaubnis

- ↝ Ausgefüllter Antrag mit persönlichen Daten
- ↝ Datenschutzerklärung
- ↝ *(gewerblicher)* Versicherungsnachweis mit ersichtlicher Deckungssumme
- ↝ ggf. Befähigungsnachweis/ Sachkundenachweis *(eine Selbstbeurkundung ist hier erlaubt und nach telefonischer Nachfrage ist ein Sachkundenachweis nicht zwingend erforderlich)*

Und zusätzlich:

- ↝ Detailgetreue Angabe von Aufstiegsort- und Zeit
- ↝ Lageplan mit Aufstiegsgebiet
- ↝ weitere für den Nutzungszweck erforderliche Unterlagen *(siehe Kapitel 3)*

Befristung: zeitpunktbezogen, aber auch längere Zeiträume möglich

Verwaltungsgebühren: nach Aufwand, ca. 30 €

Bearbeitungszeit: ca. 2 Wochen Vorlauf wünschenswert, im Einzelfall und nach Saison auch schneller

Besonderheiten: keine

Berlin

Allgemeinerlaubnis

Besonderheiten: In Berlin werden keine Allgemeinerlaubnisse erteilt. Hier gibt es **nur** Einzelerlaubnisse.

Einzelerlaubnis

- Ausgefüllter Antrag mit persönlichen Daten
- Datenschutzerklärung
- (gewerblicher) Versicherungsnachweis mit ersichtlicher Deckungssumme
- Technisches Datenblatt des Multicopters
- Handelsregisterauszug oder Gewerbeanmeldung
- Befähigungsnachweis/ Sachkundenachweis *(eine Selbstbeurkundung ist hier erlaubt)*

Und zusätzlich:

- Zustimmung des Grundstückseigentümers vom Aufstiegsort
- Detailgetreue Angabe von Aufstiegsort- und Zeit
- Lageplan mit Aufstiegsgebiet inkl. WGS 84 Daten *(Koordinaten)*
- Einverständniserklärung der Ordnungsbehörden/ der örtlichen Polizei
- Flugverkehrskontrollfreigabe, bzw. Erlaubnis des Bundesaufsichtsamtes für Flugsicherung (bei Aufstiegen in den Flugbeschränkungsgebieten ED-R 4 und ED-R 146), beachten Sie hier die NfL 1-657-16.
- bei Nutzung öffentlicher Grundstücke bzw. Straßenlandes - schriftliche Zustimmung des zuständigen Ordnungsamtes, Grünflächenamtes bzw. der Verkehrslenkung Berlin
- Angaben über vorgesehene Sicherungsmaßnahmen

Befristung:	zeitpunktbezogen
Verwaltungsgebühren:	ca. 80,00 – 100,00€
Bearbeitungszeit:	ca. 10 Tage
Besonderheiten:	Zusätzlich zur Aufstiegserlaubnis UAS muss für Dreharbeiten auf öffentlichen Straßen oder in Parks in Berlin eine Allgemeine Dreherlaubnis eingeholt werden, wenn bei den Aufnahmen mehrere Darsteller mitwirken, wenn Gegenstände auf öffentlichem Straßenland aufgestellt werden bzw. Verkehrszeichen oder -einrichtungen erforderlich werden bzw. eine Erlaubnis des Ordnungsamtes[53].

Brandenburg

Allgemeinerlaubnis

- ✈ Ausgefüllter Antrag mit persönlichen Daten
- ✈ Datenschutzerklärung
- ✈ Zweck des Betriebs des unbemannten Luftfahrtsystems
- ✈ *(gewerblicher)* Versicherungsnachweis mit ersichtlicher Deckungssumme
- ✈ Technisches Datenblatt des Multicopters
- ✈ Ggf. Handelsregisterauszug oder Gewerbeanmeldung
- ✈ Befähigungsnachweis/ Sachkundenachweis *(eine Selbstbeurkundung ist hier erlaubt)*

Befristung:	2 Jahre
Verwaltungsgebühren:	ca. 200€
Verlängerung:	2 Jahre
Verwaltungsgebühren:	ca. 100€
Änderungskosten:	nach Aufwand
Anerkennung anderer AEs:	ja
Verwaltungsgebühren:	ca. 100,00 €
Bearbeitungszeit:	ca. 3 Wochen
Besonderheiten:	keine

Einzelerlaubnis

- Ausgefüllter Antrag mit persönlichen Daten
- Datenschutzerklärung
- *(gewerblicher)* Versicherungsnachweis mit ersichtlicher Deckungssumme
- Technisches Datenblatt des Multicopters
- Ggf. Handelsregisterauszug oder Gewerbeanmeldung
- Befähigungsnachweis/ Sachkundenachweis *(eine Selbstbeurkundung ist hier erlaubt)*

Und zusätzlich:

- Zustimmung des Grundstückseigentümers vom Aufstiegsort
- Detailgetreue Angabe von Aufstiegsort- und Zeit, Anzahl der Aufstiege
- Lageplan mit Aufstiegsgebiet
- Einverständniserklärung der Ordnungsbehörden/ der örtlichen Polizei
- Flugverkehrskontrollfreigabe *(zwingend erforderlich)*
- weitere für den Nutzungszweck erforderliche Unterlagen *(siehe Kapitel 3)*

Befristung:	zeitpunktbezogen
Verwaltungsgebühren:	ca. 80,00 – 100,00€
Bearbeitungszeit:	ca. 10 Tage
Besonderheiten:	keine

Bremen

Allgemeinerlaubnis

- ✈ Ausgefüllter Antrag mit persönlichen Daten und Kopie des Personalausweises
- ✈ Datenschutzerklärung
- ✈ *(gewerblicher)* Versicherungsnachweis mit ersichtlicher Deckungssumme
- ✈ Kopie des Personalausweises aller Steuerer
- ✈ Befähigungsnachweis/ Sachkundenachweis *(eine Selbstbeurkundung ist hier erlaubt und im Antrag vorgesehen)*

Befristung:	2 Jahre
Verwaltungsgebühren:	ca. 100€
Verlängerung:	2 Jahre
Verwaltungsgebühren:	ca. 50€
Änderungskosten:	ca. 25€
Anerkennung anderer AEs:	ja
Verwaltungskosten:	ca. 50,00 €
Bearbeitungszeit:	ca. 7 Tage, Anerkennungen ca. 2 Tage
Besonderheiten:	Anerkennungen werden gekoppelt. Sofern die Ursprungserlaubnis verlängert wird, wird auch die Anerkennung verlängert. Bei Verlängerungen sind die Aufzeichnungen über den Flugbetrieb der letzten zwei Jahre verpflichtend beizufügen!

Einzelerlaubnis

- ↣ Ausgefüllter Antrag mit persönlichen Daten und Kopie des Personalausweises
- ↣ Datenschutzerklärung
- ↣ *(gewerblicher)* Versicherungsnachweis mit ersichtlicher Deckungssumme
- ↣ Technisches Datenblatt des Multicopters
- ↣ Kopie des Personalausweises aller Steuerer
- ↣ Befähigungsnachweis/ Sachkundenachweis *(ggf. Rücksprache mit Behörde halten)*

Und zusätzlich:

- ↣ Zustimmung des Grundstückseigentümers vom Aufstiegsort
- ↣ Detailgetreue Angabe von Aufstiegsort- und Zeit mit Koordinaten
- ↣ Lageplan mit Aufstiegsgebiet *(bspw. durch Google Earth)*
- ↣ Einverständniserklärung der Ordnungsbehörden/ der örtlichen Polizei
- ↣ weitere für den Nutzungszweck erforderliche Unterlagen *(siehe Kapitel 3)*

Befristung: zeitpunktbezogen
Verwaltungsgebühren: ca. 50,00 €

Bearbeitungszeit: ca. 7 Tage

Besonderheiten: keine

Hamburg

Allgemeinerlaubnis

➤ Ausgefüllter Antrag mit persönlichen Daten und Kopie des Personalausweises
➤ Datenschutzerklärung
➤ *(gewerblicher)* Versicherungsnachweis mit ersichtlicher Deckungssumme
➤ Befähigungsnachweis/ Sachkundenachweis *(Vorflug bei Behörde oder AE aus anderem Bundesland)*

Befristung:	1 Jahr
Verwaltungsgebühren:	ca. 400€
Verlängerung:	2 Jahre
Verwaltungsgebühren:	ca. 300€
Änderungskosten:	ca. 100€
Anerkennung anderer AEs:	ja
Verwaltungskosten:	ca. 50,00 €
Bearbeitungszeit:	ca. 4 Tage, Express gegen Aufpreis
Besonderheiten:	siehe Einzelerlaubnis.

Einzelerlaubnis

➤ Ausgefüllter Antrag mit persönlichen Daten
➤ Datenschutzerklärung

- ✈ *(gewerblicher)* Versicherungsnachweis mit ersichtlicher Deckungssumme
- ✈ Technisches Datenblatt des Multicopters, MTOW über 10kg
- ✈ Ggf. Handelsregisterauszug oder Gewerbeanmeldung
- ✈ Befähigungsnachweis/ Sachkundenachweis *(Vorflug bei Behörde oder AE aus anderem Bundesland)*

Und zusätzlich:

- ✈ Zustimmung des Grundstückseigentümers vom Aufstiegsort
- ✈ Detailgetreue Angabe von Aufstiegsort- und Zeit, sowie Höhe,
- ✈ Lageplan mit Aufstiegsgebiet *(Google Maps)*

Befristung:	zeitpunktbezogen, max. 1 Tag/ Antrag Erste Verschiebung kostenfrei, jede weitere 50% der Gebühren
Verwaltungsgebühren:	ca. 100,00€, jeder weitere Aufstiegsort 20€
Bearbeitungszeit:	mind. 3 Tage
Besonderheiten:	Jeweils am ersten Freitag des Monats findet bei geeignetem Wetter auf einem Modellfluggelände in Hamburg ein Vorflug-Termin statt. Hierzu ist eine Anmeldung per E-Mail an luftraum-sondernutzung@bwvi.hamburg.de erforderlich. Für die Teilnahme werden Gebühren in Höhe von 40,- Euro je Steuerer erhoben. Bei Einzelerlaubnissen ist die Notwendigkeit des Aufstieges zu begründen.

Hessen

Allgemeinerlaubnis

→ Ausgefüllter Antrag mit persönlichen Daten
→ Datenschutzerklärung
→ *(gewerblicher)* Versicherungsnachweis mit ersichtlicher Deckungssumme
→ Technisches Datenblatt des Multicopters

Befristung: 2 Jahre
Verwaltungsgebühren: ca. 200,00 €

Verlängerung: 2 Jahre
Verwaltungsgebühren: ca. 100,00 €

Änderungskosten: nach Aufwand

Anerkennung anderer AEs: ja
Verwaltungskosten: ca. 100,00 €

Bearbeitungszeit: ca. 2 Tage

Besonderheiten: keine

Einzelerlaubnis

- Ausgefüllter Antrag mit persönlichen Daten
- Datenschutzerklärung
- *(gewerblicher)* Versicherungsnachweis mit ersichtlicher Deckungssumme
- Technisches Datenblatt des Multicopters
- Ggf. Handelsregisterauszug oder Gewerbeanmeldung
- Befähigungsnachweis/ Sachkundenachweis

Und zusätzlich:

- Zustimmung des Grundstückseigentümers vom Aufstiegsort
- Detailgetreue Angabe von Aufstiegsort- und Zeit
- Geplante Anzahl der Aufstiege
- Lageplan mit Aufstiegsgebiet
- Einverständniserklärung der Ordnungsbehörden/ der örtlichen Polizei
- weitere für den Nutzungszweck erforderliche Unterlagen *(siehe Kapitel 3)*
- ggf. Einverständniserklärung des Veranstalters

Befristung:	zeitpunktbezogen
Verwaltungsgebühren:	ca. 100,00 €
Bearbeitungszeit:	ca. 7 Tage Vorlauf wünschenswert, bei vollständigen Akten auch nach Saison in max. 2 Tagen
Besonderheiten:	keine

Mecklenburg-Vorpommern

Allgemeinerlaubnis

- ✈ Ausgefüllter Antrag mit persönlichen Daten
- ✈ Datenschutzerklärung
- ✈ *(gewerblicher)* Versicherungsnachweis mit ersichtlicher Deckungssumme
- ✈ Technisches Datenblatt des Multicopters
- ✈ Ggf. Handelsregisterauszug oder Gewerbeanmeldung
- ✈ Befähigungsnachweis/ Sachkundenachweis

Befristung:	2 Jahre
Verwaltungsgebühren:	ca. 150,00 €
Verlängerung:	2 Jahre
Verwaltungsgebühren:	ca. 75,00 €
Änderungskosten:	ca. 30,00 – 50,00 €
Anerkennung anderer AEs:	ja
Verwaltungskosten:	50% der Ursprungserlaubnis
Bearbeitungszeit:	ca. 14 Tage
Besonderheiten:	Bei Eilbedürftigkeit des Antrages ist eine schnellere Bearbeitung gegen doppelte Verwaltungsgebühren möglich.

Einzelerlaubnis

- Ausgefüllter Antrag mit persönlichen Daten
- Datenschutzerklärung
- *(gewerblicher)* Versicherungsnachweis mit ersichtlicher Deckungssumme
- Technisches Datenblatt des Multicopters
- Ggf. Handelsregisterauszug oder Gewerbeanmeldung
- Befähigungsnachweis/ Sachkundenachweis

Und zusätzlich:

- Zustimmung des Grundstückseigentümers vom Aufstiegsort
- Detailgetreue Angabe von Aufstiegsort- und Zeit
- Geplante Anzahl der Aufstiege
- Lageplan mit Aufstiegsgebiet
- Einverständniserklärung der Ordnungsbehörden/ der örtlichen Polizei
- weitere für den Nutzungszweck erforderliche Unterlagen *(siehe Kapitel 3)*

Befristung: zeitpunktbezogen
Verwaltungsgebühren: ca. 50,00 €

Bearbeitungszeit: mind. 2 Tage

Besonderheiten: keine

Niedersachsen

Allgemeinerlaubnis

→ Ausgefüllter Antrag mit persönlichen Daten
→ Datenschutzerklärung
→ *(gewerblicher)* Versicherungsnachweis mit ersichtlicher Deckungssumme
→ Ggf. Handelsregisterauszug oder Gewerbeanmeldung
→ Befähigungsnachweis/ Sachkundenachweis

Befristung: 1 Jahre
Verwaltungsgebühren: ca. 150,00 €

Verlängerung: 2 Jahre
Verwaltungsgebühren: ca. 75,00 €

Änderungskosten: ca. 30,00 €

Anerkennung anderer AEs: nein

Bearbeitungszeit: ca. 10-14 Tage

Besonderheiten: Bedingt durch zwei Geschäftsbereiche ist auf die Zuständigkeit zu achten.

Einzelerlaubnis

→ Ausgefüllter Antrag mit persönlichen Daten
→ Datenschutzerklärung
→ *(gewerblicher)* Versicherungsnachweis mit ersichtlicher Deckungssumme
→ Technisches Datenblatt des Multicopters, MTOW über 10kg
→ Ggf. Handelsregisterauszug oder Gewerbeanmeldung
→ Befähigungsnachweis/ Sachkundenachweis

Und zusätzlich:

→ Zustimmung des Grundstückseigentümers vom Aufstiegsort
→ Detailgetreue Angabe von Aufstiegsort- und Zeit
→ Geplante Anzahl der Aufstiege
→ Lageplan mit Aufstiegsgebiet *(z. B. Google Maps)*
→ Einverständniserklärung der Ordnungsbehörden/ der örtlichen Polizei
→ weitere für den Nutzungszweck erforderliche Unterlagen *(siehe Kapitel 3)*

Befristung:	zeitpunktbezogen, max. 14 Tage
Verwaltungsgebühren:	ca. 75,00 €
Bearbeitungszeit:	mind. 7 Tage
Besonderheiten:	siehe Allgemeinerlaubnis

Nordrhein-Westfalen

Allgemeinerlaubnis

- ✈ Ausgefüllter Antrag mit persönlichen Daten
- ✈ Datenschutzerklärung
- ✈ *(gewerblicher)* Versicherungsnachweis mit ersichtlicher Deckungssumme
- ✈ Technisches Datenblatt des Multicopters
- ✈ Ggf. Handelsregisterauszug oder Gewerbeanmeldung
- ✈ Befähigungsnachweis/ Sachkundenachweis *(eine Selbstbeurkundung ist hier erlaubt)*

Befristung:	2 Jahre
Verwaltungsgebühren:	ca. 250,00 €
Verlängerung:	2 Jahre
Verwaltungsgebühren:	ca. 250,00 €
Änderungskosten:	ca. 50,00 €
Anerkennung anderer AEs:	ja
Verwaltungsgebühren:	ca. 50,00 €
Bearbeitungszeit:	ca. 10 Tage
Besonderheiten:	Bedingt durch zwei Geschäftsbereiche ist auf die Zuständigkeit zu achten.

Einzelerlaubnis

→ Ausgefüllter Antrag mit persönlichen Daten
→ Datenschutzerklärung
→ *(gewerblicher)* Versicherungsnachweis mit ersichtlicher Deckungssumme
→ Technisches Datenblatt des Multicopters
→ Ggf. Handelsregisterauszug oder Gewerbeanmeldung
→ Befähigungsnachweis/ Sachkundenachweis *(eine Selbstbeurkundung ist hier erlaubt)*

Und zusätzlich:

→ Zustimmung des Grundstückseigentümers vom Aufstiegsort
→ Detailgetreue Angabe von Aufstiegsort- und Zeit
→ Angaben über vorgesehene Sicherungsmaßnahmen
→ Lageplan mit Aufstiegsgebiet
→ Einverständniserklärung der Ordnungsbehörden/ der örtlichen Polizei
→ weitere für den Nutzungszweck erforderliche Unterlagen *(siehe Kapitel 3)*

Befristung:	zeitpunktbezogen
Verwaltungsgebühren:	ca. 80,00 €
Bearbeitungszeit:	mind. 10 Tage
Besonderheiten:	Bedingt durch zwei Geschäftsbereiche ist auf die Zuständigkeit zu achten.

Rheinland-Pfalz

Allgemeinerlaubnis

➢ Ausgefüllter Antrag mit persönlichen Daten
➢ Datenschutzerklärung
➢ *(gewerblicher)* Versicherungsnachweis mit ersichtlicher Deckungssumme

Befristung:	1 Jahre
Verwaltungsgebühren:	ca. 150,00 €
Verlängerung:	2 Jahre
Verwaltungsgebühren:	ca. 200,00 €
Änderungskosten:	nach Aufwand
Anerkennung anderer AEs:	nein
Bearbeitungszeit:	ca. 10 Tage
Besonderheiten:	Kein Sachkundenachweis bei Allgemeinerlaubnis erforderlich.

Einzelerlaubnis

- Ausgefüllter Antrag mit persönlichen Daten
- Datenschutzerklärung
- *(gewerblicher)* Versicherungsnachweis mit ersichtlicher Deckungssumme
- Technisches Datenblatt und Fotos des Multicopters
- Ggf. Handelsregisterauszug oder Gewerbeanmeldung
- Befähigungsnachweis/ Sachkundenachweis *(Selbsterklärung möglich)*

Und zusätzlich:

- Zustimmung des Grundstückseigentümers vom Aufstiegsort
- Detailgetreue Angabe von Aufstiegsort- und Zeit
- Geplante Anzahl der Aufstiege
- Lageplan mit Aufstiegsgebiet
- Einverständniserklärung der Ordnungsbehörden/ der örtlichen Polizei
- weitere für den Nutzungszweck erforderliche Unterlagen *(siehe Kapitel 3)*

Befristung:	zeitpunktbezogen
Verwaltungsgebühren:	ca. 120,00 €
Bearbeitungszeit:	mind. 10 Tage
Besonderheiten:	Antragsrücknahmen werden mit bis zu 8/10 der vorgesehenen Gebühr berechnet.

Saarland

Allgemeinerlaubnis

- ✈ Ausgefüllter Antrag mit persönlichen Daten
- ✈ Datenschutzerklärung
- ✈ *(gewerblicher)* Versicherungsnachweis mit ersichtlicher Deckungssumme
- ✈ Technisches Datenblatt und Foto des Multicopters
- ✈ Ggf. Handelsregisterauszug oder Gewerbeanmeldung
- ✈ Befähigungsnachweis/ Sachkundenachweis

Befristung:	2 Jahre
Verwaltungsgebühren:	ca. 150 €
Verlängerung:	2 Jahre
Verwaltungsgebühren:	ca. 75,00 €
Änderungskosten:	ca. 30,00€
Anerkennung anderer AEs:	ja, nur nicht von Bayern, Thüringen und Rheinland-Pfalz
Bearbeitungszeit:	ca. 14 Tage
Besonderheiten:	Foto des Gerätes muss mit eingereicht werden.

Einzelerlaubnis

- ✈ Ausgefüllter Antrag mit persönlichen Daten
- ✈ Datenschutzerklärung
- ✈ *(gewerblicher)* Versicherungsnachweis mit ersichtlicher Deckungssumme
- ✈ Technisches Datenblatt und Foto des Multicopters
- ✈ Ggf. Handelsregisterauszug oder Gewerbeanmeldung
- ✈ Befähigungsnachweis/ Sachkundenachweis

Und zusätzlich:

- ✈ Zustimmung des Grundstückseigentümers vom Aufstiegsort
- ✈ Detailgetreue Angabe von Aufstiegsort- und Zeit
- ✈ Lageplan mit Aufstiegsgebiet
- ✈ Einverständniserklärung der Ordnungsbehörden/ der örtlichen Polizei
- ✈ weitere für den Nutzungszweck erforderliche Unterlagen *(siehe Kapitel 3)*

Befristung:	zeitpunktbezogen
Verwaltungsgebühren:	ab 100,00 €
Bearbeitungszeit:	mind. 14 Tage
Besonderheiten:	Foto des Gerätes muss mit eingereicht werden.

Sachsen

Allgemeinverfügung

- ✈ Ausgefüllter Antrag mit persönlichen Daten
- ✈ Datenschutzerklärung
- ✈ *(gewerblicher)* Versicherungsnachweis mit ersichtlicher Deckungssumme
- ✈ Selbsterklärung der Befähigung

Befristung:	2 Jahre
Verwaltungsgebühren:	0,00 €
Bearbeitungszeit:	gilt nach 3 Tagen als gültig
Anerkennung anderer AEs:	nicht notwendig
Besonderheiten:	In Sachsen werden keine Allgemeinerlaubnisse erteilt.
	Hier gibt es eine Allgemeinverfügung. Das bedeutet deutlich weniger Papierarbeit und keine Verwaltungsgebühren. Die Geräte werden nach eingereichtem Antrag zwar registriert, aber es gibt keinen kostenpflichtigen Erlass. Die Erklärung ist nach zwei Jahren erneut abzugeben.

Einzelerlaubnis

→ Ausgefüllter Antrag mit persönlichen Daten
→ Datenschutzerklärung
→ *(gewerblicher)* Versicherungsnachweis mit ersichtlicher Deckungssumme
→ Technisches Datenblatt des Multicopters
→ Ggf. Handelsregisterauszug oder Gewerbeanmeldung
→ Befähigungsnachweis/ Sachkundenachweis *(Selbsterklärung unter Umständen ausreichend)*

Und zusätzlich:

→ Zustimmung des Grundstückseigentümers vom Aufstiegsort
→ Detailgetreue Angabe von Aufstiegsort- und Zeit
→ Lageplan mit Aufstiegsgebiet
→ Einverständniserklärung der Ordnungsbehörden/ der örtlichen Polizei
→ weitere für den Nutzungszweck erforderliche Unterlagen *(siehe Kapitel 3)*

Befristung:	zeitpunktbezogen
Verwaltungsgebühren:	ca. 50,00-125,00 €
Bearbeitungszeit:	mind. 10 Tage
Besonderheiten:	Kosten nach Aufwand.

Sachsen-Anhalt

Allgemeinerlaubnis

→ Ausgefüllter Antrag mit persönlichen Daten
→ Datenschutzerklärung
→ *(gewerblicher)* Versicherungsnachweis mit ersichtlicher Deckungssumme
→ Technisches Datenblatt des Multicopters
→ Handelsregisterauszug oder Gewerbeanmeldung
→ Befähigungsnachweis/ Sachkundenachweis

Befristung:	2 Jahre
Verwaltungsgebühren:	ca. 150,00 €
Verlängerung:	2 Jahre
Verwaltungsgebühren:	ca. 50,00-75,00 €
Änderungskosten:	ca. 30,00 €
Anerkennung anderer AEs:	ja
Verwaltungsgebühren:	ca. 50,00-75,00 €
Bearbeitungszeit:	mind. 3 Tage
Besonderheiten:	siehe Einzelerlaubnis

Einzelerlaubnis

- Ausgefüllter Antrag mit persönlichen Daten
- Datenschutzerklärung
- *(gewerblicher)* Versicherungsnachweis mit ersichtlicher Deckungssumme
- Technisches Datenblatt des Multicopters
- Ggf. Handelsregisterauszug oder Gewerbeanmeldung
- Befähigungsnachweis/ Sachkundenachweis

Und zusätzlich:

- Zustimmung des Grundstückseigentümers vom Aufstiegsort
- Detailgetreue Angabe von Aufstiegsort- und Zeit
- Lageplan mit Aufstiegsgebiet
- Einverständniserklärung der Ordnungsbehörden/ der örtlichen Polizei
- weitere für den Nutzungszweck erforderliche Unterlagen *(siehe Kapitel 3)*

Befristung: zeitpunktbezogen
Verwaltungsgebühren: nach Aufwand *(ab ca. 60,00 €)*
Bearbeitungszeit: mind. 3 Tage

Besonderheiten: Prüfungsnachweis über eine bestandene praktische Vorführung können auf einem der 5 Verkehrslandeplätze, Halle/Oppin, Dessau-Roßlau, Magdeburg/City, Stendal-Borstel oder Ballenstedt/Harz erworben werden. Wenden Sie sich dazu bitte an die örtliche Luftaufsicht.

Schleswig-Holstein

Allgemeinerlaubnis

→ Ausgefüllter Antrag mit persönlichen Daten
→ Datenschutzerklärung
→ *(gewerblicher)* Versicherungsnachweis mit ersichtlicher Deckungssumme
→ Ggf. Handelsregisterauszug oder Gewerbeanmeldung
→ Befähigungsnachweis/ Sachkundenachweis

Befristung:	1 Jahre
Verwaltungsgebühren:	ca. 150,00 €
Verlängerung:	2 Jahre
Verwaltungsgebühren:	ca. 75,00 €
Änderungskosten:	ca. 30,00 €
Anerkennung anderer AEs:	ja
Verwaltungsgebühren:	ca. 75,00 €
Bearbeitungszeit:	ca. 10-14 Tage
Besonderheiten:	Für Aufstiege auf Sylt, im Nationalpark Wattenmeer, (Speergebieten, Nachtflüge und Helgoland) sind Einzelerlaubnisse erforderlich.

Einzelerlaubnis

- ✈ Ausgefüllter Antrag mit persönlichen Daten
- ✈ Datenschutzerklärung
- ✈ *(gewerblicher)* Versicherungsnachweis mit ersichtlicher Deckungssumme
- ✈ Technisches Datenblatt des Multicopters
- ✈ Ggf. Handelsregisterauszug oder Gewerbeanmeldung
- ✈ Befähigungsnachweis/ Sachkundenachweis

Und zusätzlich:

- ✈ Zustimmung des jeweiligen Grundstückseigentümers vom Aufstiegsort
- ✈ Detailgetreue Angabe von Aufstiegsort- und Zeit
- ✈ Lageplan mit Aufstiegsgebiet (Einzeichnung des Start und Landeplatzes)
- ✈ Einverständniserklärung der Ordnungsbehörden/ der örtlichen Polizei
- ✈ weitere für den Nutzungszweck erforderliche Unterlagen *(siehe Kapitel 3)*

Befristung:	zeitpunktbezogen, max. 14 Tage
Verwaltungsgebühren:	ab 75,00 €
Bearbeitungszeit:	mind. 7 Tage
Besonderheiten:	Gebühren können je nach Aufwand auch höher sein.

Thüringen

Allgemeinerlaubnis

- ✈ Ausgefüllter Antrag mit persönlichen Daten
- ✈ Datenschutzerklärung
- ✈ *(gewerblicher)* Versicherungsnachweis mit ersichtlicher Deckungssumme
- ✈ Befähigungsnachweis/ Sachkundenachweis *(eine Selbstbeurkundung ist hier erlaubt)*

Befristung: 2 Jahre
Verwaltungsgebühren: 0,00 €
Bearbeitungszeit: ca. Wochen

Anerkennung anderer AEs: nicht notwendig

Besonderheiten: In Thüringen werden keine Allgemeinerlaubnisse erteilt.

Hier gibt es eine Allgemeinverfügung. Das bedeutet deutlich weniger Papierarbeit und keine Verwaltungsgebühren. Die Geräte werden nach eingereichtem Antrag zwar registriert, aber es gibt keinen kostenpflichtigen Erlass.

Einzelerlaubnis

↪ Ausgefüllter Antrag mit persönlichen Daten
↪ Datenschutzerklärung
↪ *(gewerblicher)* Versicherungsnachweis mit ersichtlicher Deckungssumme
↪ Technisches Datenblatt des Multicopters
↪ Ggf. Handelsregisterauszug oder Gewerbeanmeldung
↪ Befähigungsnachweis/ Sachkundenachweis *(eine Selbstbeurkundung ist hier erlaubt)*

Und zusätzlich:

↪ Zustimmung des Grundstückseigentümers vom Aufstiegsort
↪ Personalausweis von jedem Steuerer
↪ Detailgetreue Angabe von Aufstiegsort- und Zeit
↪ Lageplan mit Aufstiegsgebiet
↪ Ggf. Einverständniserklärung des Veranstalters
↪ weitere für den Nutzungszweck erforderliche Unterlagen *(siehe Kapitel 3)*

Befristung:	zeitpunktbezogen
Verwaltungsgebühren:	nach Aufwand (ca. 150€)
Bearbeitungszeit:	ca. 1 Woche
Besonderheiten:	keine

Kapitel 5 – Luftrecht III: Was darf ich mit meinem UAS? Rechte und Pflichten

Kapitel 5 - Luftrecht: Was darf ich mit meinem UAS? Rechte und Pflichten

In diesem Kapitel werden alle Rechte und Pflichten aufgeführt. Es kann durchaus zu Dopplern mit Inhalten aus Kapitel 3 kommen, die Sie trotzdem nicht überspringen sollten. Gerade diese Punkte sind dem Gesetzgeber wichtig und sollten nicht vergessen werden. Beachten Sie, dass viele Regelungen neben den UAS auch die Modellflieger betreffen!

Betrieb in Sichtweite gem. § 19 LuftVO/ FPV

Einer der wichtigsten Paragraphen für Erlaubnisinhaber ist § 19 LuftVO. Dieser stellt unter Absatz 3 Nummer 1. klar, was eine verbotene Nutzung eines UAVs darstellt. Unter anderem besagt dieser, dass ein unbemanntes Luftfahrtsystem immer in Sichtweite betrieben werden, bzw. dass man ohne optische Hilfsmittel *(also nur mit dem Auge)* das Gerät und auch die Fluglage noch <u>eindeutig</u> erkennen muss[54]. Als optische Hilfsmittel zählen bspw. Ferngläser.

Unter Umständen kann die zuständige Landesluftfahrtbehörde Ausnahmen gestatten. Dies kann allerdings nur erfolgen, wenn ein Gebiet mit Flugbeschränkung gemäß § 17 LuftVO eingerichtet wird oder man innerhalb der Grenzen eines Flugplatzes bleibt[55].

 **Vorsicht Falle: Auch der Betrieb als Flugmodell darf nur in Sichtweite erfolgen. Dies ist zwar nicht explizit geschrieben, wird aber durch den § 29 LuftVG** *(Gefahrenabwehr)* **gewährleistet.**

In § 29 LuftVG geht es um die Abwehr von Gefahren, die durch den Betrieb eines Luftfahrzeuges erzeugt werden. Speziell beim Betrieb außerhalb der Sichtweite kann man durchaus von einer solchen Gefahr sprechen.

Abb. 20: *Betrieb außer Sicht durch FPV*[56]

Ein stetiger Konflikt herrscht bei Flügen im so genannten First-Person-View *(FPV)*. Mittels Display oder Videobrille sieht man die Welt mit den Augen des Multicopters. Atemberaubend. Im FPV Betrieb kann der Steuerer aber nur im Blickfeld des Copters agieren und hat keinerlei Einsicht über den restlichen Luftraum. Der reine FPV-Betrieb ist deutschlandweit bis auf wenige Ausnahmen untersagt.

> *„…und wenn ich jemanden als zusätzlichen Beobachter habe?"*

Auch mit einem Spotter, also zusätzlichem Beobachter, ist der Betrieb verboten. Sollte der Spotter allerdings via zweiter Fernbedienung im „Lehrer-Schüler-Modus" in der Lage sein, das Gerät im Notfall sofort zu übernehmen, handelt es sich nicht mehr um einen reinen FPV-Flug außerhalb der Sichtweite und der Betrieb ist möglich. Hier ist eine Änderung in kommender Zeit zu erwarten.

MTOW

Das maximale Abfluggewicht *(maximum take-off weight, kurz MTOW)* beträgt derzeit gem. § 19 Absatz 3 Nummer 2. LuftVO **25,0 kg**. Ein größeres Abfluggewicht ist nicht zulässig.

 **Es gibt im Bereich der Forschung Geräte über 25,0 kg, welche allerdings nur zur Erprobung auf dafür vorgegebenen Geländen mit extra eingerichteten Sperrgebieten unter noch strengerer Reglementierung und Kontrolle betrieben werden dürfen.**

Flughöhe

Die Aufstiegserlaubnisse geben eine maximale Aufstiegshöhe von 100m AGL für unbemannte Luftfahrtsysteme vor[57]. Eine Erweiterung ist im Einzelfall möglich, bedarf allerdings auch einer kostenpflichtigen Einzelerlaubnis, bzw. ist an stärkere Bestimmungen geknüpft. Wie wir später lesen werden, dürfen Privatflieger derzeit noch über 100 m aufsteigen. Daher ist eine Sondererlaubnis momentan noch verhältnismäßig leicht zu bekommen.

Doch warum die 100 m? Diese Grenze existiert, da die Sicherheitsmindesthöhe für den bemannten Flugverkehr bei 150m liegt und man so eine Pufferzone von 50m erreicht[58].

> *„Aber eine 1,5 kg Drohne kann doch keinen Schaden anrichten, wenn sie mit einem Flugzeug zusammenstößt!"*

Falsch! Ein Zusammenstoß kann nämlich sehr gefährlich sein. Erstens kann sich der Pilot erschrecken und ein fehlerhaftes Verhalten einleiten, zweitens kann das abstürzende UAS zu einer Gefahr für die am Boden befindlichen Personen werden und drittens kann ein in der Turbine zerberstender Akku den Antrieb lahmlegen und ein sich im Landeanflug befindendes Flugzeug zum Absturz bringen oder die Frontscheibe eines Kleinflugzeuges durchschlagen.

Außerdem besteht bei einer Höhe über 100 m die große Wahrscheinlichkeit, dass man die Fluglage seines Gerätes nicht mehr eindeutig erkennen kann. Dies stellt, wie bereits zuvor erwähnt, einen Verstoß gegen § 19 LuftVO dar und zieht eine Ordnungswidrigkeit nach sich.

 **Mein Yuneec Q500/ Phantom 4 ist bereits bei einer Höhe von 100 m nur noch schwer zu erkennen. Im Sinkflug wirkt die Fluglage optisch wie ein Flug nach vorn.**

Menschen und Menschengruppen

Gemäß der allgemeinen Aufstiegserlaubnis ist der Überflug von Menschen *(Einzelpersonen)* und Menschenansammlungen nicht erlaubt[59] und stellt eine Ordnungswidrigkeit dar[60]. So dürfen auch Einzelpersonen nicht angeflogen werden *(In Kapitel 3 haben wir aber bereits über die Möglichkeit einer Einverständniserklärung des Überflogenen gelesen)*.

„Der Copter ist doch total sicher, was soll da schon passieren? Der hat doch so viele Sicherheitsfeatures"

Auch wenn für viele Nutzer ein DJI Phantom nur ein Spielzeug darstellt, sind dieser und andere Multicopter in der 1,5 kg- Klasse bei fehlerhafter Bedienung bereits eine enorme Gefahrenquelle.

Um das auch verständlich zu machen, stellen wir uns bitte folgende Situation vor: Max Mustermann fliegt mit seinem Multicopter auf 70 m AGL im weiträumigen Stadtpark umher. Monika Meyer schiebt ihren 2-jährigen Sohn Fritz im Kinderwagen vor sich her. Max überfliegt Mutter und Kind, als plötzlich ein Schwarm Spatzen in die Flugbahn gerät und ein Spatz einen der Propeller berührt. Durch Sicherheitseinrichtungen im Gerät stoppen sofort ALLE Motoren und das unbemannte System fällt zu Boden.

„Nicht schlimm, der Copter ist doch leicht!"

Falsch! Das Gerät schlägt in diesem Beispiel in den Kinderwagen mit einer Geschwindigkeit von über 100 km/h ein. Im schlimmsten Fall überlebt Fritz den Einschlag nicht.

Selbst aus 15 m Höhe entwickelt sich eine gefährliche und vermutlich tödliche Geschwindigkeit von über 50 Km/h[61].

Ein weiteres Beispiel für die Gefahr, die von einem Multicopter ausgeht, gefällig? Man nehme eine Gurke und halte sie in die Rotorblätter bei hoher Drehzahl. Das Ergebnis ist eine geköpfte Gurke, sogar bei Plastikpropellern.

Mit Carbonpropellern ist die Durchschlagskraft deutlich höher. Um das Beispiel zu intensivieren, folgende Situation: Sie machen auf einer Hochzeit mit Ihrem Quadrocopter ein Foto der Gesellschaft aus 5m Höhe und 5m Entfernung. Vorerst ist sowohl Abstand, als auch Höhe vorsichtig und umsichtig gewählt.

Abb. 21: So sollte das unbemannte Luftfahrtsystem keine Menschenansammlung sehen, da ein Überflug ohne Sondererlaubnis verboten ist![62]

Doch dann fällt der vordere Motor aus, die restlichen Motoren drehen sich weiter. Laut Theorie stürzt das Gerät im 45° Winkel zu Boden. Mit einer entsprechenden Rechnung[63] kommt man schnell zum Ergebnis, dass der „Gurkenschredder" in das eine oder andere Gesicht fliegt und dort im schlimmsten Fall „ins Auge geht".

Wie blutig ein solcher Vorfall möglicherweise endet?
Die Hand des Latinopopstars Enrique Iglesias geriet bei einem Konzert in die Propeller eines Multicopters. Dieser sollte ursprünglich Bilder des Publikums machen, kam dann aber in unmittelbare Nähe des Sängers und verletzte Iglesias schwer. Neben Schnittverletzungen soll er, spanischen Medien zufolge, sogar einen Bruch erlitten und das Konzert mit blutverschmiertem T-Shirt beendet haben[64].

Keine angenehme Vorstellung? Richtig!
Die Nebenbestimmungen der Erlaubnisse verweisen zudem darauf, dass neben Personen auch landwirtschaftliche Nutztiere und Sachen zum Schutze der öffentlichen Sicherheit und Ordnung nicht gefährdet oder gestört werden dürfen[65]. Analog ist auch hier wieder § 29 LuftVG anwendbar.
Sollten Sie für das in Kapitel 3 erwähnte Musikvideo trotzdem einen Überflug wagen wollen, lassen Sie sich eine Einverständniserklärung des Überflogenen geben, möglichst vorher. Im Nachhinein eine „Überflugserlaubnis" eines mittels Multicopter verletzten Menschen zu erhalten wird schwer.

 **Um eine Ordnungswidrigkeit *(Owi)* zu vermeiden geht die klare Empfehlung dahin, einfach keine Personen zu überfliegen.**

Natürlich ist es nicht immer 100%ig möglich, denn selbst bei abgesperrten Gebieten können vereinzelte Menschen unter dem UAV auftauchen.

Sollte dies passieren, notieren Sie es in Ihrem Flugbuch. Eine spätere Dokumentation und Beweisführung im Schadensfall fällt damit leichter.

Naturschutzgebiete

Naturschutzgebiete gelten als sehr sensible Bereiche, da hier die Flora und Fauna erhalten werden soll. In einigen Nationalparks sind Aufstiege unkritisch, in anderen unmöglich. Vor einem Aufstieg muss unbedingt mit der zuständigen Verwaltung gesprochen werden[66].

Vorsicht Owi! Wer mit Allgemeinerlaubnis im Naturschutzgebiet ohne Erlaubnis der Nationalparkverwaltung startet, muss mit einem Bußgeld rechnen.

So ist bspw. im Harz die Nationalparkverwaltung zuständig. In der Regel werden im Harz keinerlei Aufstiege freigegeben. Eine Berufung auf die Allgemeinerlaubnis bringt auch hier keinerlei Vorteile, da sowohl Flugmodelle, als auch UAS, in den seltensten Fällen eine Gestattung erhalten.

Wenn Sie also vorhaben, im Nationalpark zu fliegen, rufen Sie dort bitte vorher an und sichern Sie sich ab.

Erlaubnis des Grundstückseigentümers

Im Bereich der Flugvorbereitung muss von dem Grundstückseigentümer des Aufstiegs- und Landungsgeländes eine Einverständniserklärung eingeholt werden[67]. Vom Prinzip ist dies der erste Schritt, bevor es in die Luft geht *(und das sowohl für Flugmodelle, als auch für UAS)*.

Oft werden die Aufstiege von Feldern oder Privatgrundstücken aus durchgeführt. Hier sind die jeweiligen Eigentümer die korrekten Ansprechpartner für das –möglichst schriftliche- OK.

Handelt es sich allerdings um einen öffentlichen Platz oder eine Straße, stellt das örtliche Ordnungsamt eine Einverständniserklärung aus. Diese hat zumeist sinngemäß folgenden Inhalt: „Unter Berücksichtigung der in der Aufstiegserlaubnis aufgeführten Nebenbestimmungen spricht aus Sicht meiner Kommune nichts gegen einen Aufstieg eines unbemannten Luftfahrtsystems am TT.MM.JJJJ in der Zeit von HH:MM."

Auch bei dem Flug über Verkehrswege wie Wasserstraßen sind die jeweilig zuständigen Betreiber bzw. Behörden zu beteiligen und deren Einverständnis einzuholen.

Jede Erlaubnis sollte schriftlich eingeholt werden. Sollte es im Nachhinein doch zu Unstimmigkeiten oder einem Ordnungswidrigkeitenverfahren kommen, gestaltet sich die Beweisführung einfacher.

Benachrichtigungspflichten gegenüber Ordnungsbehörden

Auch mit Allgemeinerlaubnis hat man keinen Freibrief. Vor den jeweiligen Starts innerorts sind die Ordnungsbehörden zu informieren, genauer das Ordnungsamt der jeweiligen Kommune und/ oder die Polizei vor Ort[68].

Bei einer Einzelerlaubnis ist eine Unbedenklichkeitsbescheinigung vorab eine zu erbringende Notwendigkeit.[69]

Bei einer Allgemeinerlaubnis hingegen muss lediglich eine Information an das Ordnungsamt und die Polizei für die geplante Aufstiegszeit vorab gegeben werden. Der Zweck ist hier, dass bei eventuellen Großevents oder ähnlichem dem Steuerer diese Information zugänglich gemacht und ggf. der Aufstieg untersagt wird.

„Ich muss da doch nur anrufen, oder?"

Richtig: Es ist ein rein deklaratorischer[70] Rahmen gegeben und die Behörden haben den Aufstieg zur Kenntnis zu nehmen und nicht zu verbieten, sofern keine besonderen Events vorliegen.

Um optimal vorbereitet zu sein, sollte der Kontakt von Ihnen vorab gesucht werden, damit Sie über die ortstypischen Gegebenheiten ausreihend informiert sind und Besonderheiten frühzeitig berücksichtigt werden können. Machen Sie dies per Email, haben Sie etwas Schriftliches in der Hand.

Steuerer

Der Inhaber der Erlaubnis ist nicht unbedingt auch der Steuerer. Dies ergibt sich ja schon allein aus der Tatsache heraus, dass eine Firma bzw. juristische Person ja logischerweise selbst kein Gerät steuern kann. Die in der Erlaubnis eingetragenen Steuerer sind die einzigen Steuerer, die das unbemannte Luftfahrtsystem unter dem Deckmantel der Allgemein- oder Einzelerlaubnis steuern dürfen.[71]

 **Sollten Sie in Ihrer Firma nachträglich Steuerer ausbilden oder hinzubekommen, dürfen diese ohne Nachtrag in der Erlaubnis das Gerät nicht steuern!**

In dem Fall ist ein Änderungs- oder Ergänzungsantrag bei der Behörde vorab zu stellen. Damit wird sichergestellt, dass die in der Erlaubnis genannten Steuerer auch wirklich die nötige Sachkunde besitzen und nicht Jedermann mit dem unbemannten System fliegt. Es soll damit erreicht werden, dass nur Profis im sensiblen Luftraum unterwegs sind.

Der Start und Landeplatz

Vor dem Betrieb des unbemannten Luftfahrtsystems ist der Start- und Landeplatz abzusichern, um jegliche Gefährdung von Dritten auszuschließen[72]. Im Idealfall wird der Betrieb mit mindestens einem Spotter vollzogen, der auch auf Dritte Acht gibt und ggf. auf die Flugsituation aufmerksam macht. Der Start- und Landeplatz kann zum Beispiel mit Flatterband abgesperrt werden, damit Unbefugte sich dort nicht aufhalten.

Abb. 22: *Vorbildlicher Landeplatz*[73]

Alternativ kann auf der Landefläche ein „Landeplatz-Banner" ausgelegt werden. Dieser stellt einen optischen Begrenzer dar. Zudem ist ein solcher Banner mit der Kamera des Multicopters gut zu erfassen und hilft bei der Landung.

GPS Waypoint Betrieb / autonomer Flug

Fast alle gängigen Quadrocopter über 800,00 € verfügen über die Möglichkeit, die Strecken mittels autonomer GPS-Wegpunkt-Steuerung zu absolvieren. In diesem Modus fliegt das Gerät vorher festgelegte Wegpunkte selbstständig ab.

 Auch die „Return To Home"- Funktion stellt einen autonomen Flug dar. Im Fall des Funkabbruchs kann die Funktion bei schwachem Akku das Gerät zum Ausgangsort bringen. Trotzdem sollte diese Funktion in <u>Notfall</u> genutzt werden.

> „Wenn man da auf den Bildschirm tippt, fliegt die Phantom 4 selbst dahin. Ist das erlaubt?

Autonomer Flug ist für unbemannte Luftfahrtsysteme generell untersagt. Jedoch kann der Betrieb „autonom" erfolgen, sofern der Steuerer jederzeit in das Geschehen eingreifen kann[74]. Dies gilt speziell für vorgegebene Wegpunkte und den Follow-Me-Modus *(in diesem „folgt" der Multicopter immer in gleichem Abstand der Fernbedienung autonom)*. Eine Autofahrt aus der Vogelperspektive sieht sehr imposant aus, ist rechtlich aber nur möglich, wenn der Steuerer nicht im selben Moment auch das Auto steuert.

Dies ist insofern dafür wichtig, dass bei unvorhergesehenen Ereignissen schnell interveniert werden kann und das Gerät nicht stupide seine Runde zu Ende fliegt und dabei Schaden anrichtet oder selbst verunglückt *(bspw. gegen eine Brücke fliegt)*.

Es ist davon auszugehen, dass in den kommenden Jahren sich in diesem Bereich einiges ändern wird. Logistikunternehmen wie Amazon und DHL arbeiten mit Hochdruck an Lösungen zur Auslieferung mittels unbemannten Luftfahrtsystems.

Abb. 23: Lieferung per Multicopter?[75]

Bereits im Jahr 2015 wurden erste Tests zwischen Norddeich und der Insel Juist durchgeführt[76]. Hier lieferte ein unbemanntes System Medizin vom Festland zur Insel.

Man könnte in Zukunft die medizinische Versorgung der Insel sichern ohne auf die Fähre angewiesen zu sein.

Überflug von Verkehrswegen und anderen Hindernissen

Beim Betrieb muss der Steuerer einen ausreichenden Sicherheitsabstand zu dritten Personen, landwirtschaftlichen Nutztieren *(wie bereits erwähnt)* und öffentlichen Verkehrswegen, Hochspannungsleitungen und anderen Hindernissen einhalten. Hierbei ist wichtig, dass die Einschätzung dem Steuerer obliegt und dafür garantiert, dass keinerlei Gefährdung vom Betrieb ausgehen wird[77].

Bei den Verkehrswegen ist eine gewaltige Unterscheidung zwischen einer Nebenstraße in einem Dorf und bspw. einer Autobahn vorzunehmen. Dies spielt vor allem in der rechtlichen Betrachtung im Ordnungswidrigkeitenverfahren eine Rolle; hier zählt zuerst mal die Relevanz des Verkehrsweges. Demnach ist der Betrieb über Bundesautobahnen tendenziell gefährlicher als in einer verkehrsberuhigten Zone einer Kleinstadt.

Warum? Ganz einfach: Verreißt ein Autofahrer bei 180 km/h auf der Autobahn das Steuer, weil ein unbemanntes System den Weg kreuzt, so ist der Unfall sicherlich mit Todesfolge verbunden. Bei 6 km/h in einem verkehrsberuhigten Bereich wird sich der Schaden eher im Rahmen halten und Personenschäden wahrscheinlich ausgeschlossen werden können. Hochspanungsleitungen gilt es ebenfalls zu meiden. Dies begründet sich durch die elektronischen Schwingungen, bedingt durch die Hochspannung. Hier kann mitunter der Funkkontakt zum Gerät abbrechen und im schlimmsten Fall nicht wieder hergestellt werden.

Es kann also passieren, dass das unbemannte System autonom seinen eigenen Weg geht, es zum Fly-Away und damit verbundenen, unvorhersehbaren Schäden kommt.

Flugvorbereitung

Vor Beginn des Betriebes, sollte man sich über die örtlichen Gegebenheiten und wetterbedingten Umstände informieren *(hierzu mehr in Kapitel 9)*. Folglich gilt es zu klären, ob Flugplätz oder Flughäfen in der Nähe sind, in welchem Luftraum man sich befindet *(mehr im Kapitel*

Luftraum) und ob evtl. an dem Tag bspw. ein Stadtfest stattfindet und man an dem geplanten Ort vielleicht doch nicht aufsteigen kann.

Für die Beurteilung und Vorbereitung werden bspw. ICAO-Karten[78] und weitere Informationen der Flugsicherungen oder spezieller Apps wie myFly Zone verwendet *(siehe Kapitel Apps und Helfer)*.

Außerdem gilt es jedes Mal einen Plan B im Hinterkopf zu haben, um im Notszenario „Funkausfall" richtig agieren zu können. Wichtig ist hier, dass dieser Notfallplan vorher geistig durchgespielt wird, denn im Notfall bleibt keine Zeit für die Erstplanung[79]. So sollte bspw. die Höhe des Return-To-Home nicht zu niedrig gewählt werden, um Kollisionen mit Gebäuden usw. zu vermeiden.

Die Flugsicherungsorganisationen veröffentlichen Luftfahrtkarten und – Handbücher, die für die Beurteilung der luftfahrtspezifischen Belange zu verwenden sind[80].

Andere Teilnehmer am Luftverkehr

Eigentlich ist es eine Selbstverständlichkeit, aber da in letzter Zeit vermehrt „beinahe Zusammenstöße" mit Flugzeugen vorgekommen sind, scheinbar nicht Jedem[81]. Es gilt, dass man während des Betriebes auf weiteren Flugbetrieb zu achten hat und bemanntem Flugverkehr in jedem Fall auszuweichen hat[82]. Entsprechende Regelungen finden Sie in § 12 LuftVO i. V. m. SERA 3210.

Sofern in dem geplanten Flugbereich die Polizei und Behörden der öffentlichen Ordnung und Sicherheit (BOS), das Militär oder Rettungsdienste ebenfalls per Lufteinsatz agieren, ist der Betrieb nicht gestattet bzw. sofort einzustellen. Der Betrieb darf in diesem Fall erst wieder in einem Abstand von 1,5 km zum Einsatzort aufgenommen werden, um den Einsatz der BOS nicht zu gefährden[83].

Eine Ausnahme kann hier nur der Einsatzleiter machen, wenn er den Einsatz ausdrücklich gestattet. Auch gibt es entsprechende Erlaubnisse für BOS *(fragen Sie hierzu Ihre Luftfahrtbehörde)*.

Erlaubnisse für BOS: Feuerwehren, Such- und Rettungsdienste, Behörden zum Zivilschutz und öffentliche oder öffentlich beauftragte Stellen zur Untersuchung von Verkehrsunfällen sind also auch möglich[84].

Wenn Sie keine BOS-Erlaubnis haben oder der örtliche Einsatzleiter die Erlaubnis gibt: Landen Sie schnellstmöglich, sofern sich ein Einsatz anbahnt. Denn im schlimmsten Fall riskieren Sie die Gesundheit und das Wohlergehen unbeteiligter Dritter oder von sich selbst.

Kein Bild der Welt ist es wert, unsinnig zu handeln. Gefährden Sie sich und andere nicht.

Funksender und Störungen

Auch selbstverständlich: es dürfen nur Funkanlagen benutzt werden, die den geltenden Vorschriften entsprechen. Die Richtlinien werden hier von der Bundesnetzagentur festgelegt. Bei einem Abbruch des Funksignales oder auch bei der Vermutung, dass es zu einem solchen kommen könnte, ist der Betrieb sofort einzustellen oder das Notfallverhalten einzuleiten.

Ebenfalls besteht die Pflicht, dass bei abgebrochenem Funksignal die Bundesnetzagentur und die Luftfahrtbehörde in Kenntnis gesetzt werden[85].

Flugbuch

Als Erlaubnisinhaber ist man verpflichtet ein entsprechendes Flugbuch zu führen. Die Aufzeichnungen sind vor Aufnahme der Flugtätigkeit vorzunehmen und sollten mindestens folgende Angaben enthalten:

- ✈ Name des Steuerers
- ✈ Datum, Uhrzeit und Dauer
- ✈ Anzahl der Aufstiege
- ✈ Genaue Ortsbeschreibung
- ✈ Einsatzzweck
- ✈ Wetterlage
- ✈ Besondere Vorkommnisse (Bspw. Akkuprobleme, Unfall, Störungen)

Das Flugbuch ist der Behörde entweder auf Verlagen oder in regelmäßigen Intervallen vorzulegen[86].

„Ich wusste gar nicht, dass man sowas führen muss!"

Um einer Ordnungswidrigkeit zu entgehen[87], sollte das Flugbuch immer auf dem neusten Stand sein. Dies macht auch aus versicherungstechnischer Sicht Sinn, denn die Dokumentation gibt im Schadensfall konkrete Hinweise auf die wichtigsten Rahmendaten. Zudem kann ggf. ein eigener Fehler ausgeschlossen werden und somit auch das Eigenverschulden.

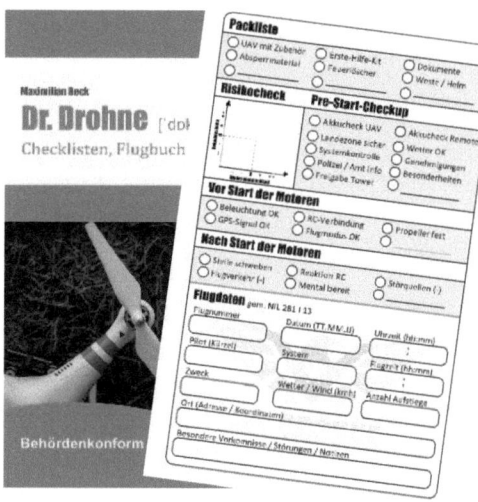

Tipp: Es gibt auch ein Flugbuch von „Dr. Drohne", welches alle Kriterien erfüllt und zusätzlich noch um Checklisten ergänzt ist (ISBN: 978-3-74125-1153)!

Abb. 24: „Dr. Drohne – Checklisten, Flugbuch & Infos"[88]

Unfallmeldungspflicht

Sollte es doch einmal zu einem Unfall kommen, so ist dies der Luftfahrtbehörde umgehend zu melden. Hierbei sind nicht nur Unfälle mit Personenschaden zu berücksichtigen, sondern auch solche mit großem Sachschaden.[89]

Die Meldung hilft bei der Beurteilung, wie gefährlich der Einsatz von unbemannten Luftfahrtsystemen tatsächlich ist. Die bisher gesammelten Informationen und Erkenntnisse reichen bei weitem nicht aus, um ein entsprechend ausgereiftes Gesetz zu formulieren, welches alle Steuerer „glücklich" macht und gleichzeitig den Luftraum befriedet.

Versicherungspflichten

Ob der Multicopter nun als Flugmodell oder als UAS rechtlich eingestuft wird, so ist er eines auf jeden Fall: ein Luftfahrzeug[90]. Dies mag irgendwie befremdlich klingen, da man bei dem Wort Fahrzeug eher an den bemannten Luftverkehr denken mag.

Gemäß §§ 33 Abs. 1, 37 Abs. 1a), 43 LuftVG i. V. m. § 101 LuftVZO ist der Halter eines Luftfahrzeuges zum Ersatz von solchen Schäden verpflichtet, die durch den Betrieb verursacht werden. Hierbei sind alle möglichen Schäden gemeint, von Sachschäden bis hin zu körperlichen Schäden und Tod.

Bei Unfällen mit dem Luftfartzeug wird bei Geräten bis zu 500 Kilogramm, zu denen alle Multicopter subsummiert werden, eine Mindest-Haftungssumme von 750.000 Rechnungseinheiten vorgeschrieben, was etwa einer Million Euro entspricht.

Sparen Sie bei der Versicherung nicht am falschen Ende. In Anbetracht der Anschaffungskosten Ihres Copters darf die Mindestversicherungssumme ruhig 1,5 Millionen € oder höher sein.

„Ich habe eine Privathaftpflicht, die doch sicher auch Flugmodelle mit abdeckt, oder?!"

Viele private Haftpflichtversicherungen greifen bei Flugsystemen nicht. Ein kurzer Anruf beim Versicherer bringt Klarheit.

Sofern Ihre private Haftpflichtversicherung auch den Betrieb von Flugmodellen *(in der Regel bis zu 5 kg MTOW, elektrobetrieben)* abdeckt, sollten Sie ebenfalls nachfragen, ob auch *(1)* gewerbliche *(2)* Fotoflüge mitversichert sind. Gehen Sie hier auf Nummer sicher, damit Sie im Schadensfall nicht persönlich in die Haftung genommen werden können. Lassen Sie sich eine schriftliche Bestätigung geben.

Da die meisten privaten Versicherungen keine Drohnenflüge mit im Portfolio haben, muss eine spezielle Versicherung abgeschlossen werden. Hier gibt es bereits eine breite Masse von Anbietern.

Die Versicherungsunternehmen R+V, DMO, DMFV und HDI sind die Top-Anbieter. Entsprechende Makler finden Sie online.

Vor Abschluss eines Vertrages *(Kosten sind bei den unterschiedlichen Anbietern recht ähnlich)* sollten Sie sich Gedanken über den Einsatz des Gerätes machen.

Für Modellflieger muss lediglich eine Abdeckung privater Flüge gewährleistet sein. Sollten Sie also nur im Sinne des Sport- und Freizeitzwecks unterwegs sein, reicht eine Versicherung für Flugmodelle völlig aus. Die Beiträge sind hier deutlich geringer als bei gewerblichen Versicherungen. Sollten Sie eine Aufstiegserlaubnis beantragen wollen, wird in der

Regel ein gewerblicher Zweck angenommen, sodass eine entsprechend angepasste Versicherung abgeschlossen werden muss.

Speziell beim Betrieb von unbemannten Luftfahrtsystemen kann der Versicherungsschutz von bspw. des DMFV mit der „Zusatzversicherung Form IV" stark eingeschränkt sein. Diese Zusatzversicherung deckt zwar gewerbliche Flüge ab, aber keine „Film,- Foto-, Überwachungs- sowie Sprühflüge"[91] kommerzieller Art. Vor Abschluss eines Vertrages sollten die versicherten Wagnisse genau kontrolliert werden.

Die Versicherung der DMFV *(für Modelle sehr zu empfehlen)* bietet die Zusatzversicherung Form IV an. Diese deckt Fotoflüge nicht ab, obwohl gewerblich draufsteht!

In Niedersachsen gibt es derzeit auch die Möglichkeit eine Aufstiegserlaubnis für „sonstige Zwecke" zu erlangen. Diese ermöglicht das Publizieren von Luftbildern und Luftvideos, ohne gewerblichen Hintergrund. Die Verwaltungsgebühren sind identisch, aber die Versicherung für Privatflüge reicht aus.

In allen anderen Fällen *(Gewerbe, Forschung etc.)* sollte eine gewerbliche Versicherung abgeschlossen werden. Die Versicherungspolice muss beim Antrag mit eingereicht werden.

Wenn man die beantragte Erlaubnis erlangt hat, muss man ebendiese und die Versicherungspolice <u>bei allen Einsätzen des Gerätes</u> in Original oder Kopie mit sich führen und auf Verlangen den Vertretern der Luftfahrtbehörde, der Polizei, des Ordnungsamtes oder sonstiger betroffenen Stellen vorzeigen[92].

Einige Versicherungen sind Personenbezogen (DMO), andere auf ein bestimmtes Modell festgelegt (R+V). Achten Sie auf die für Sie richtige Option!

Achtung Falle: Wenn Sie sich ein neues Gerät zulegen, muss dieses <u>auch</u> versichert werden. Viele Versicherungen laufen <u>nur auf ein bestimmtes Gerät</u>.

Mitführungs- und Ausweispflichten

Der Inhaber einer Allgemein- oder Einzelerlaubnis hat diese zusammen mit den Versicherungsunterlagen mit sich zu führen *(siehe Checklisten)*.

Sollten die Ordnungsbehörden oder die Polizei eine Einsicht verlangen, muss dies am Einsatzort möglich gemacht werden.[93]
Deshalb sollte man eine digitale Kopie zusätzlich auf seinem Smartphone oder Tablet haben. Dies erleichtert den Umgang mit den Behörden. Zudem kostet es wenig Zeit und Geld, eine digitale Kopie zu erstellen.

Flugplätze und Häfen

Der Betrieb im Radius von 1,5 km zur Flugplatzbegrenzung ist für Flugmodelle verboten, bzw. bedarf der gesonderten Genehmigung der Luftfahrtbehörde und Flugleitung *(Mehr dazu in Kapitel 6)*.[94]

Flugverkehrskontrollfreigabe

Im Kontrollierten Luftraum wird eine Flugverkehrskontrollfreigabe gemäß § 21 Abs. 1 Nr. 5 LuftVO benötigt *(Mehr dazu in Kapitel 6)*.[95]

Betrieb in RMZ

In Zonen mit Funkkommunikationspflicht, so genannten RMZ *(Radio Mandatory Zone, Informationen hierzu in Kapitel 6)* muss eine Zustimmung der Luftaufsicht oder der Flugleitung unter folgenden Angaben eingeholt:

- Name und Vorname
- Aufstiegsort
- Aufstiegshöhe
- Dauer des Betriebes
- Telefonische Erreichbarkeit[96]

Der Betrieb in Zonen mit Funkkommunikationspflicht ist erst seit der NfL 1-786-16 möglich.

Weitere Bestimmungen und Hinweise

Da die Privatsphäre bei uns ein sehr hohes Gut darstellt, darf mit dem UAV „nicht in den räumlich-gegenständlichen Bereich der privaten Lebensgestaltung Dritter eingedrungen werden".

> *„Mein Nachbar hat so eine Drohne und ich glaub der filmt mich damit heimlich…"*

Betroffen sind hier Persönlichkeitsrechte, Urheberrechte und Datenschutz.[97] Übergeordnet kann man feststellen, dass ein Inhaber einer Erlaubnis pro Forma nicht alles darf, schon gar nicht, wenn die Rechte Dritter sonst tangiert oder verletzt werden. Zudem ersetzt die Erlaubnis keine anderen privatrechtlichen oder öffentlichen Genehmigungen *(Lärmschutz bei Ruhezeiten, Erlaubnis der Grundstücksnutzung usw.)*. Auch sind sämtliche Bestimmungen für den allgemeinen Luftverkehr oder die Nutzung des Luftraumes zu beachten, was in erster Linie dem Schutz der bemannten Luftfahrt und der öffentlichen Sicherheit und Ordnung dient.[98]

Verstößt man gegen eine oder mehrere *(Neben-)* Bestimmungen einer luftrechtlichen Erlaubnis, so stellt dies eine Ordnungswidrigkeit dar, sofern nicht andere strafrechtliche *(also höherwertige)* Gesetze berührt werden bzw. übergeordnet sind[99] *(also bspw. das Strafgesetzbuch)*. Dies wäre zum Beispiel der Fall, wenn unser Gerät abstürzt und einen Passanten verletzt oder gar tötet. Hier ist die fahrlässige Schädigung höher einzustufen, als die Tatsache einer nicht vorhandenen Erlaubnis.

Da die Erlaubnis unter Vorbehalt des Widerrufs[100] erteilt wird, darf die Erlaubnisbehörde nachprüfen, ob die Grundvorrausetzung der Erteilung noch vorliegen[101].

Ein Widerruf kommt insbesondere dann in Betracht, wenn Tatsachen bekannt werden, die bereits bei Antragstellung zu einer Ablehnung geführt hätten, sich Änderungen ergeben haben, die ebenfalls zu einer Nichterteilung führen würden, der Flugbetrieb zu Störungen der Sicherheit und Ordnung führt und nicht durch Nebenbestimmungen vermieden werden kann oder eine Ordnungswidrigkeit vorliegt[102].

Speziell im Bereich von Ordnungswidrigkeiten, die mehrfach begangen worden sind, kann neben der Geldbuße auch noch die Erlaubnis entzogen werden. Die Behörde kann alle notwendigen Auskünfte verlangen oder auch Überprüfungen durchführen. Sollte die Erlaubnis weiterhin bestehen bleiben, weil ein Entzug nicht zumutbar wäre, so können auch verschärfende Nebenbestimmungen festgelegt werden[103].

Bei Änderungen des Einsatzzweckes, der Multicopter, der Steuerer, der Firmierung, der Anschrift oder anderen Dinge, ist ein entsprechender Antrag auf Änderung zu stellen. Dieser geht meist formlos unter Einreichung der o. g. Zusatzdokumente. Bei einem zusätzlichen Steuerer muss bspw. nur der Sachkundenachweis zu den personenbezogenen Daten *(Name, Geburtstag etc.)* eingereicht werden.

„Ich will über 100m aufsteigen, was kann ich da machen?"

Wenn ein Einsatz geplant ist, der den in der Erlaubnis gesetzten Rahmen verlassen soll bzw. übersteigt, so ist eine separate (Einzel-) Erlaubnis zu beantragen[104].

Hier sind wieder alle bereits genannten Formulare und Dokumente zu erbringen und rechtzeitig bei der Behörde einzureichen.

Flüge bei Nacht. Nachtflüge sind allgemein untersagt, können aber per Einzelerlaubnis in vielen Bundesländern genehmigt werden.

Hierfür müssen die Geräte mit zusätzlicher Beleuchtung ausgestattet werden. Maßgebliche Regelungen hierfür finden Sie in der europäischen Verordnung, der SERA 3215.

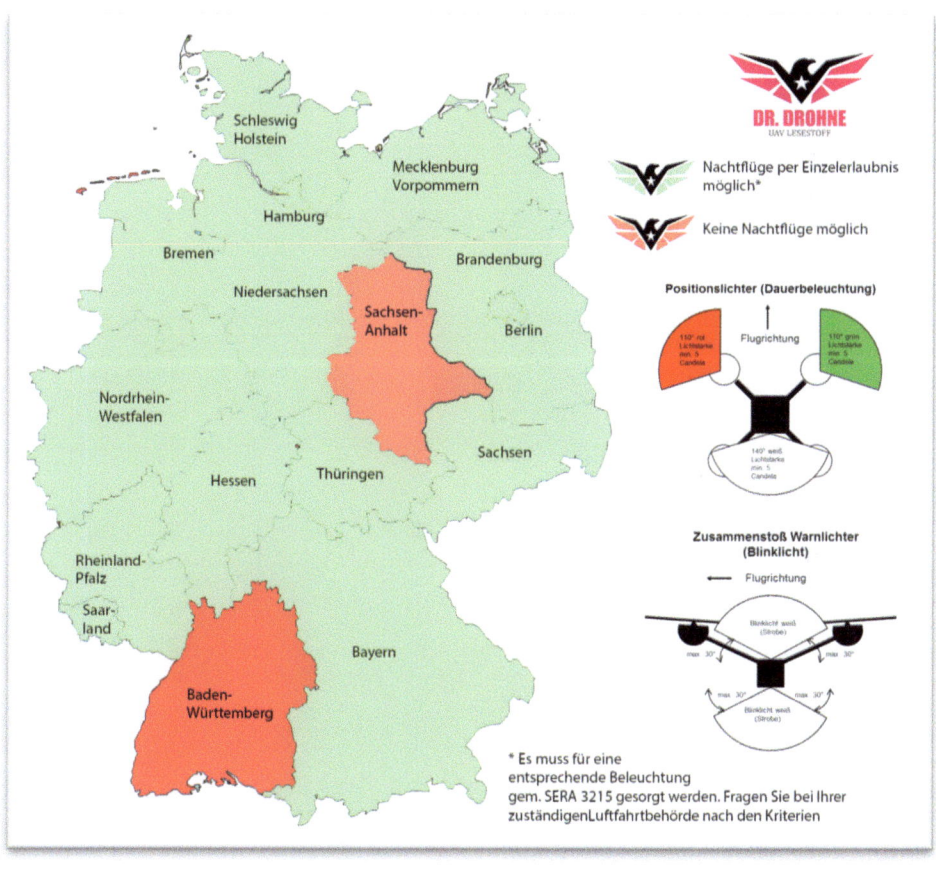

Abb.25: *Übersicht Nachtflüge in Deutschland*[105]

Fragen Sie in Ihrer Landesluftfahrtbehörde nach den Kriterien. Lediglich in Baden-Württemberg und Sachsen-Anhalt können Sie sich den Anruf sparen, denn hier sind Nachflüge auch per Einzelerlaubnis nicht möglich.

Kapitel 6 – Luftrecht IV: Lufträume und Besonderheiten

Kapitel 6 – Luftrecht IV: Lufträume und Besonderheiten

Ob mit oder ohne Erlaubnis gibt es für unbemannte Flugsysteme aller Art vieles zu beachten. Einer der wichtigsten Punkte ist hierbei die Luftraumstruktur und deren Besonderheiten.

Die Lufträume von G(eht) bis A(bsolut verboten)

In Deutschland gibt es verschiedene Lufträume von A bis G, die es zu beachten gilt. Wir können allerdings den Inhalt kürzen, denn die Lufträume A und B sind in Deutschland derzeit nicht vorhanden.

Generell gilt für **Flugmodelle und unbemannte Luftfahrtsysteme** folgendes: Der Luftraum G *(Golf)* geht immer, denn es gilt das Prinzip des Sichtkontakts. Dieser Bereich erstreckt sich vom Bodenniveau bis zu der Grenze von maximal 762m AGL, was genau 2.500ft entspricht. Allerdings sollte man hier vorsichtig sein, denn an einigen Orten ist die Höchstgrenze reduziert auf 518m bzw. 1.700ft oder gar auf 304m bzw. 1.000ft AGL. Wie wir bereits im Bereich des Umfanges der Erlaubnis erfahren haben, dürfen UAS in der Regel bis zu einer Maximalhöhe von 100m AGL aufsteigen. Privatnutzer bzw. Modellflieger können hier also deutlich höher.

Im Luftraum G muss man Sichtkontakt zum Boden haben und anderen Teilnehmern ausweichen. Die Flugsicht beträgt hier 1,5 km, bzw. 800 m und zusätzlich müssen Hindernisse erkennbar sein. Wolken dürfen nicht berührt werden[106].

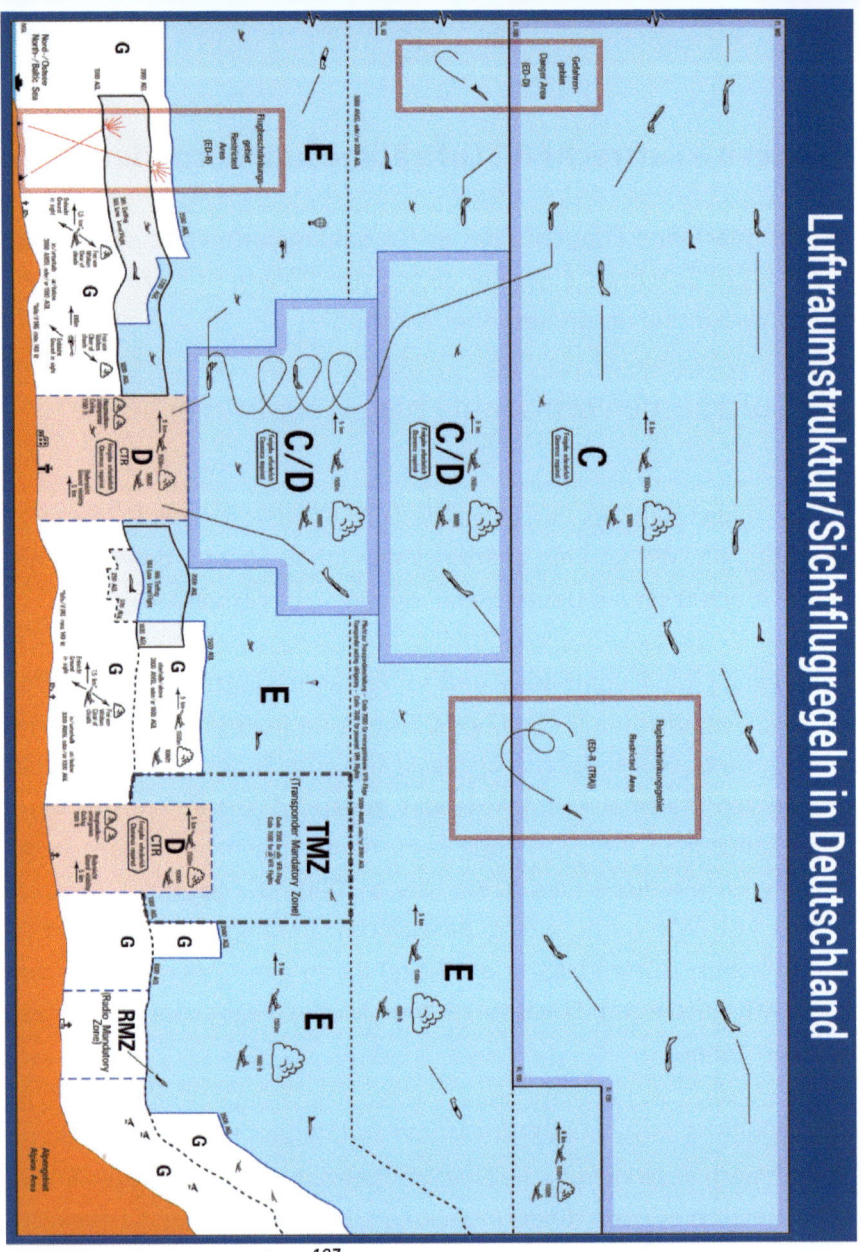

Abb.26: *Luftraumstruktur*[107]

 **Während der Umfang der Erlaubnis für unbemannte Luftfahrtsysteme den Steuerer auf 100m begrenzt, kann der Privatpilot mit seinem Modell auf sichere 304m im Luftraum G problemlos aufsteigen, bzw. an bestimmten Orten sogar bis 762m.**

Steigt man höher als 762m *(bzw. 518m/ 304m)* befindet man sich garantiert im kontrollierten Luftraum. Der Luftraum über G ist E *(Echo)*. Um sich im kontrollierten Luftraum bewegen zu können, ist gem. § 21 Abs. 1 Nummer 2 für Flugmodelle und Nummer 5 LuftVO für unbemannte Luftfahrtsysteme eine Flugverkehrskontrollfreigabe der Flugverkehrskontrollfreigabestelle erforderlich *(und natürlich eine Einzelerlaubnis)*. Um dies einfacher zu fassen: Für einen Aufstieg in dem Gebiet muss vorher ein OK vom Tower, bzw. der Flugsicherung eingeholt werden. Im Echo gilt bspw. die Flugsicht von 5000m und die normalen Ausweichregeln.

Ebenso benötigt man die Freigabe des Towers für die Lufträume C *(Charly)* und D *(Delta)* bzw. D-CTR. In den beiden Lufträumen gibt es Sonderregelungen, da hier ein Flughafen in direkter Nähe ist oder man sich sehr hoch aufhält *(wenn es ein Multikopter mit der Akkuleistung bis in Luftraum C schaffen sollte, wäre er minutenlang außer Sicht)*.

Der Luftraum F (Foxtrott) ist wie A und B derzeit in Deutschland nicht vorhanden[108].

Die Flugsicherung wird in Deutschland von u.a. **Austro Control, The Tower Company (TTC)** und der **Deutschen Flugsicherung (DFS)** durchgeführt. Die jeweiligen Zuständigkeiten sind über eine kurze Recherche im

Internet leicht ausfindig gemacht. Die DFS hat in Deutschland die meisten Flughäfen in der Zuständigkeit, direkt gefolgt von Austro Control. Weiter hinten finden Sie entsprechende Kontakte zu fast allen Towern in Deutschland. Hier ist die DFS sehr vorbildlich zu erwähnen, da die Tower-Infos online einsehbar sind.

Da Sie sich mit Ihrem Multicopter nur im Luftraum G aufhalten werden, gibt es ggf. Berührungspunkte mit folgenden Bereichen: D bzw. D-CTR, RMZ, und Gebiete mit Flugbeschränkungen *(EDR)*.

CTR – Die Kontrollzone am Flughafen

Da der Aufstieg im Bereich der Kontrollzone von Flughäfen der Freigabe der Flugaufsicht bedarf, ist hier mit speziellem Blick auf § 21 LuftVO Vorsicht geboten. Eine Nichteinholung der Freigabe führt unweigerlich zu einem Verstoß, der mit Bußgeld geahndet wird[109].

ACHTUNG: In diesem Bereich von 1,5 km um Flugplätze aller Art gilt absolutes Verbot <u>ohne</u> Freigabe *(und Erlaubnis für Flugmodelle)*! Auch Hubschrauberlandeplätze zählen als Flugplatz. Eine <u>Kontrollzone</u> kann deutlich größer als 1,5 km sein. Hier hilft ein Blick auf die ICAO- Karten.

Im Bereich um den Verkehrsflughafen Hannover- Langenhagen bspw. erstreckt sich die Kontrollzone, bedingt durch den Militärflughafen Wunstorf bis hin zum Steinhuder Meer. Geräte der Firma DJI, wie die der Phantom- oder Inspire- Reihe werden im GPS- Modus in diesen Gebieten automatisch nicht starten oder wenigstens anzeigen, dass ein Aufstieg nicht rechtmäßig ist[110]. Jedoch ist dies nicht 100%ig zuverlässig.

Im Modus ohne GPS werden die Geräte gar nicht beschränkt: Ein großes Problem, ohne ICAO Karte oder entsprechende Vorbereitung. Denn in diesen Bereichen starten und landen Flugzeuge, es findet dort auch in niedriger Höhe bemannter Luftverkehr statt.

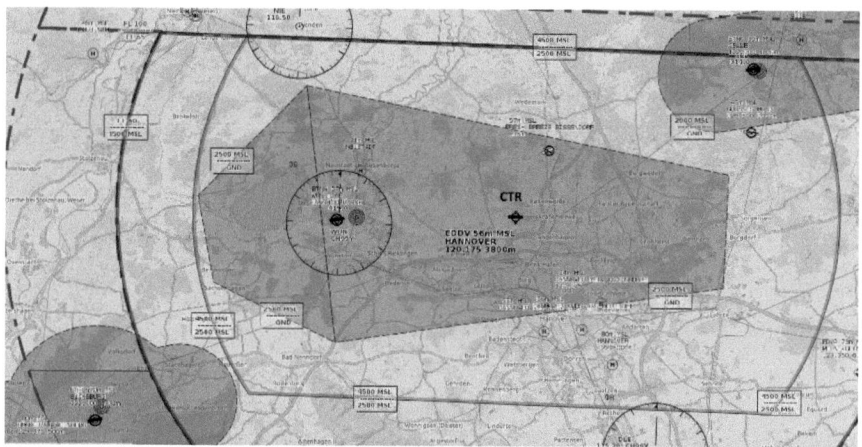

Abb. 27: *Kontrollzone „Hannoveraner Sarg"[111]*

Ein Zusammenstoß mit einem Passagierflugzeug kann auch schon bei relativ kleinen Multicoptern großen Schaden anrichten, wenn, wie bereits erwähnt, ein Akku in die Turbine kommt oder auf die Frontscheibe trifft.

 **Daher ist speziell die 1,5 km Grenze zur Flugplatzbegrenzung immer einzuhalten. Diese sind durch Apps und Karten *(https://maps.openaip.net/ oder ICAO)* ersichtlich**

Allgemeinverfügung der DFS für Aufstiege in Kontrollzonen

Für die Kontrollzone jenseits der 1,5 km-Grenze gibt es seit geraumer Zeit eine Allgemeinverfügung der DFS, die NfL 1-681-16. Der Inhalt gilt für alle Kontrollzonen, die unter der Aufsicht der DFS stehen, z. B. Hannover, ist schnell zusammengefasst und erleichtert den Aufstieg in der Kontrollzone entgegen der Regelungen des § 21 LuftVO.

Denn gemäß der Allgemeinverfügung der DFS dürfen **Flugmodelle ohne gesonderte Freigabe der Flugleitung bis zu 30m** aufsteigen, sofern sie ein Gewicht von 5 kg nicht übersteigen[112].

Auch **unbemannte Luftfahrtsysteme dürfen ohne Freigabe sogar bis zu 50m AGL aufsteigen**, wenn sie ein MTOW von 25kg nicht überschreiten[113].

ACHTUNG: Die Allgemeinverfügung gilt nicht pauschal in ganz Deutschland, sondern nur in Kontrollzonen mit Aufsicht durch die DFS. Allerdings haben Austro Control und TTC entsprechende Anerkennungen bzw. NfLs[114]. Für Flugplätze des Militärs gibt es keine entsprechende NfL.

Flugverbote

Ergänzend zu den o. g. Lufträumen gibt es noch zwei weitere Zonen, in denen ein Multicopter nicht aufsteigen darf bzw. nicht ohne Erlaubnis:

Die **Transponder Mandatory Zone** *(TMZ)* und die **Radio Mandatory Zone** *(RMZ)*.

Luftfahrtzeuge müssen in diesen Zonen über Transponder verfügen. Ein Transponder sendet Signale und Informationen, wie bspw. Flughöhe vom Fluggerät an die Radarstelle. Man spricht von einem Sekundarradar. Da noch kein Transponder für unbemannte Systeme zugelassen wurde, ist ein Aufstieg in der TMZ nicht möglich.

Zudem befindet sich die TMZ oft in direkter Nähe von Flughäfen. Der kontrollierte Luftraum ist hier in der Regel auf das Minimum von 1000 ft abgesenkt[115].

Der Aufstieg von UAS in Radio Mandatory Zone (RMZ) ist seit der neuen NfL möglich, wenn die erforderlichen Angaben gemacht werden und eine Flugverkehrskontrollfreigabe erfolgt.

Ein entsprechender Transponder wurde gerade entwickelt, aber noch nicht offiziell zugelassen. Der Transponder könnte zusätzliches einiges ändern.

Wenn Sie im Bereich der Vorbereitung Ihrer Aufträge keine App benutzen wollen, sollten Sie auf ICAO Karten zurückgreifen. Diese Luftfahrerkarten zeigen Ihnen, wo welche Lufträume auftreten, wo Landeplätze sind, ob es Luftfahrthindernisse gibt oder Flugverbotszonen vorliegen.

Alternativ ist dieser Link sehr hilfreich: https://maps.openaip.net/. In dieser Karte finden Sie Flughäfen, -Plätze und Heliports.

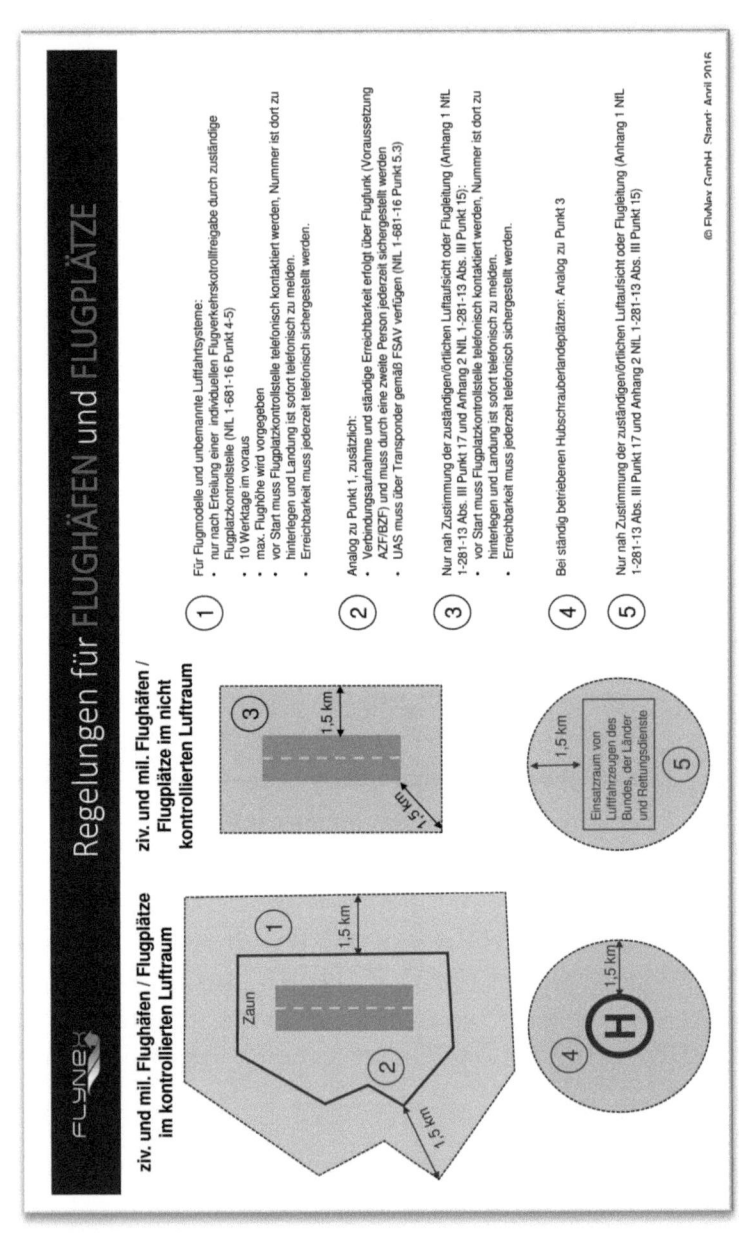

Abb. 28: Regelungen für Flughäfen und Flugplätze[116]

Kapitel 7 – Andere Rechtsgebiete, die ein UAS berührt

Kapitel 7 – Andere Rechtsgebiete, die ein UAS berührt

Neben dem Luftrecht gilt es noch andere Rechtsgebiete zu beachten, die man als ambitionierter Hobbyfotograf oder als Profi bereits kennen sollte.

Medienrecht und andere Rahmenbedingungen

Das Medienrecht ist in Bezug auf Fotos allgemein sehr üppig bestückt, für Multicopter allerdings nicht. In der genaueren Betrachtung spielt das Luftrecht eine untergeordnete Rolle. Denn hier geht es primär um das Urheberrecht, Persönlichkeitsrechte und den Datenschutz.

Urheberrecht

Im Bereich des Urheberrechts gibt es einige Besonderheiten zu beachten: speziell bei Denkmälern, berühmten Bauwerken, Skulpturen und anderen baulichen Kunstobjekten. So sind Bauwerke, die sich an öffentlichen Wegen, Straßen oder Plätzen befinden, problemlos abzulichten und auch eine Veröffentlichung der Aufnahmen stellt kein Hindernis dar, solange man sich auf die äußere Ansicht beschränkt[117].

Bei Gebäuden gilt also die „Straßenansicht". Dies ist speziell in Bezug auf UAV wichtig, da man mit diesen schnell auch eine Rückansicht eines Hauses produzieren kann und die so genannte Panoramafreiheit verlässt. Hier kann es bereits zu einer Rechtsverletzung kommen und der Architekt muss ggf. sein Einverständnis geben.

Bei Bildern von kunstvoll illuminierten Gebäuden und Skulpturen ist die Veröffentlichung nicht unbedingt ohne Erlaubnis des Künstlers/ Architekten möglich, auch weil Luftbilder kontrovers zur Panoramafreiheit sind[118]. Ohne eine Veröffentlichung können die Bilder allerdings privat verwendet werden.

Bei Privatgebäuden haben keine Künstler mitgewirkt, sodass nur die Rechte des Architekten berührt werden könnten. Die Straßenansicht ist hier wieder unstrittig, die Rückansicht allerdings ggf. genehmigungspflichtig. Auch kann hier eine Verletzung der aus dem Grundgesetz resultierenden Persönlichkeitsrechte vorliegen.[119]

Zudem ist davon auszugehen, dass ein Überflug von Nachbargrundstücken stattfinden muss.

 **Tendenziell muss ein Überflug *(ab gewisser Höhe, i. d. R. aber nur über 100m AGL)* geduldet werden. Hier handelt es sich allerdings um eine Grauzone und Frage des Ermessens im Ernstfall.**

Wäre man alleiniger Herr des Luftraumes über seinem Grundstück, müsste sonst jedes Flugzeug und jeder Helicopter eine Genehmigung zum Überflug beantragen- völlig impraktikabel und unsinnig. Da sich unbemannte Luftfahrtsysteme nur unterhalb von 100m aufhalten dürfen und man für Hausaufnahmen regelmäßig unter 30m fliegt, kann es schnell zu Ärger mit den Nachbarn kommen. Daher empfiehlt es sich vorab die Nachbarn zu informieren, um Ärger aus dem Weg zu gehen.

 **Auch bei Luftaufnahmen von Fahrzeugen, Schiffen, Flugzeugen *(am Boden)* oder ähnlichem, kann es zu Urheberrechtsverletzungen kommen, speziell wenn die Aufnahmen für Werbezwecke verwendet werden und man bspw. geschützte Logos ablichtet.**

Vor der Veröffentlichung sollte man sehr genau aufpassen und im Zweifel einen Anwalt um Rat fragen. Dies ist sicherlich günstiger als eine Klage nach der Veröffentlichung.

Persönlichkeitsrecht

Auch bekannt als „das Recht am eigenen Bild", welches jedem Menschen zusteht. Verbunden mit diesem Recht, darf ein Bild mit abgelichteten Personen nicht ohne Weiteres veröffentlicht werden. Hier ist § 22 KunstUrhG einschlägig: „Bildnisse dürfen nur mit Einwilligung des Abgebildeten verbreitet oder öffentlich zur Schau gestellt werden. Die Einwilligung gilt im Zweifel als erteilt, wenn der Abgebildete dafür eine Entlohnung erhielt."[120] Es gilt auch hier eine Abgrenzung vorzunehmen:

 **Sieht man auf dem Foto bzw. der Luftaufnahme eine Einzelperson und kann diese klar und deutlich erkennen, so muss vor einer Veröffentlichung eine Erlaubnis eingeholt werden.**

Anders sieht dies bei Personengruppen aus. Gemäß § 23 KunstUrhG dürfen „Bilder von Versammlungen, Aufzügen und ähnlichen Vorgängen" sowie „Bilder, auf denen die Personen nur als Beiwerk neben einer

Landschaft oder sonstigen Örtlichkeit erscheinen" ohne Einverständnis veröffentlicht werden.

Abb. 29: *Bereits bei den ersten Smartphone-Cams kamen Proteste wegen Persönlichkeitsrechten auf*[121]

Sobald man also von einer Gruppe sprechen kann, so sind die Personen im Sinne des Gesetzes nicht mehr individuell anzusehen und eine Erlaubnis der einzelnen Personen nicht mehr erforderlich.

Wenn man einzelne Personen nicht eindeutig erkennen kann, so ist die Einverständniserklärung nicht zwingend erforderlich und eine Veröffentlichung ist problemlos möglich. Zur Sicherheit kann natürlich trotzdem eine Erlaubnis eingeholt werden.

Eine Selbstverständlichkeit sollte das Verbot zur Erstellung von voyeuristischen Bildern mittels unbemanntem System darstellen. Diese Grenze darf nicht überschritten werden.

 **Die Nachbarn beim Sonnenbaden, knutschende Pärchen am Strand oder ein Flug am FKK-Strand sind tabu.**

Das Erstellen solcher Bilder und die Veröffentlichung ziehen Straf- oder Bußgelder mit sich. Hier heißt es also: „bleib am Boden".

Datenschutzrecht

Für die Einhaltung wurde bereits bei Antragstellung unterschrieben. Mit Blick auf die Luftbilder ist es aber verboten, das Bild eines Hauses und dazu die Adresse und Namen der Hausbewohner zu veröffentlichen. Eine Verbindung von Ort, Adresse und Name ist nicht zulässig und sollte bzw. muss vermieden werden. Für private Aufnahmen gilt dies nicht[122].

Folgende Dinge sollten trotzdem in einem Luftbild unkenntlich gemacht werden, wenn nicht schriftlich das OK gegeben worden ist:

- ✈ Name,
- ✈ Anschrift und auch
- ✈ Kennzeichen des KFZ

Allgemein zu beachten

Aus der Praxis lässt sich sagen, dass man beim Betrieb seines Gerätes nicht lange allein ist. Da es sich nicht nur rechtlich um etwas Neues handelt, sondern auch viele Mitmenschen noch nie eine „Drohne" live gesehen haben, kommen oft Schaulustige hinzu. Und diese haben meistens viele Fragen zum Recht, der Technik oder der Bilder.

Deshalb sollten folgende Dinge beachtet werden, besonders von professionellen Anwendern:

- ✈ Nehmen Sie Rücksicht auf andere.
- ✈ Halten Sie sich an die Nebenbestimmungen der Erlaubnis und seien Sie eher konservativ bei der Umsetzung.
- ✈ Sollten Sie auf einmal angesprochen werden, bleiben Sie bitte konzentriert und lassen Sie sich nicht ablenken. Nach dem Flug ist vielleicht Zeit für ein Gespräch. Sagen Sie dem Fragenden sofort, dass Sie nach dem Einsatz gern Zeit haben, aber jetzt Konzentration gefordert ist.
- ✈ Ruhig bleiben!

Das „ruhig bleiben" ist oft einfach, da die meisten Schaulustigen positiv und interessiert daherkommen. Allerdings ist dies nicht immer der Fall. Manch ein Beschwerdeführer kann seine Anliegen auch mit aggressivem Ton vortragen unter der Androhung, die Polizei zu rufen.

Begegnen Sie diesem Beschwerdeführer entspannt, denn Sie haben ja eine Erlaubnis für Ihr UAV und sich *(hoffentlich)* an alle Regeln gehalten. Stimmen Sie also entspannt zu, wenn jemand die Polizei holen will. Da

Sie ja bereits vorab den Einsatz gemeldet haben, wird der Beschwerdeführer vermutlich bereits am Telefon milde gestimmt.

Sollten Sie beschuldigt werden, jemanden auszuspannen können eine Sichtung des Materials vorschlagen.

Gerade wegen der vielen Grauzonen, sollte der Fokus auf einer vernünftigen Vorbereitung liegen. Je besser Sie den Auftrag angehen, desto weniger Probleme sind zu erwarten.

 **Sollte die Polizei doch am Einsatzort eintreffen, alle Dokumente vorhanden und kein Verstoß ersichtlich sein, gibt es keinen Ärger, denn Sie haben ja alle Voraussetzungen erfüllt.**

Kapitel 8 –
Betriebsabläufe und Checklisten

Kapitel 8 - Betriebsabläufe und Checklisten

Wie zuvor bereits erwähnt, muss man oftmals den Ordnungsbehörden Rede und Antwort stehen und/ oder die Erlaubnis und andere Dokumente vorlegen. Auch die Luftfahrtbehörde kann Unterlagen anfordern.

 Generell sollten Sie sich einen Ordner mit <u>allen</u> relevanten Dokumenten erstellen, welchen Sie bei jedem Einsatz mit sich führen.

Eine solche **Dokumentensammlung** sollte folgende Unterlagen beinhalten:

- ✈ **Datenblatt** des unbemannten Systems (oder auch das Betriebsbuch, Spezifikationen und Frequenzen sollten ersichtlich sein),
- ✈ Ggf. **technische Daten des Zubehörs** (speziell bei Eigenbau oder Upgrades)
- ✈ **Stammdaten der Steuerer** (Befähigungsnachweise, Anschrift etc.)
- ✈ **Allgemeinerlaubnis bzw. Einzelerlaubnis und entsprechende Verlängerungen**
- ✈ **Aktueller, gewerblicher Versicherungsnachweis** mit ersichtlicher Deckungssumme (am besten Kopie der Police)
- ✈ **Erlaubnis des Grundstückseigentümers** etc.
- ✈ **Kontaktformular mit relevanten Stellen der Flugvorbereitung**, bspw. Flugsicherung, Polizeidienststelle, Luftfahrtbehörde u.a.
- ✈ **Notfallkontakte** (Polizei, Feuerwehr, Rettungsdienst usw.)

Die Dokumentensammlung sollten Sie immer mit sich führen. Natürlich kann sie individuell angepasst und ergänzt werden.

Um Papierkrieg zu vermeiden, können die Dokumente auch bspw. als PDF gescannt in der Dropbox gespeichert werden und dann von mobilen Geräten angezeigt werden.

Zudem sollten Checklisten eingeführt werden, damit vor dem Start nichts vergessen wird und alles nach Plan abläuft. Checklisten sorgen für einen reibungslosen, sicheren Ablauf und mehr Effizienz.

Vor dem Start – Vorbereitung des Auftrages

Bevor der Weg zum Auftragsort eingeschlagen wird, sollten noch einige Dinge recherchiert werden. So gilt es zu klären, was der Kunde erwartet und wie man das geforderte auch erreichen kann. Es stellt sich beispielsweise die Frage, ob das Gerät die Geschwindigkeit erreicht oder ob die Vorstellungen rechtlich umsetzbar sind.

Hierfür bietet es sich an, den Aufstiegsort über bspw. Google-Maps oder Google-Earth vorab zu prüfen. Wenn wichtige Verkehrswege direkt am Ort sind, sollte über eine intensive Beteiligung der Ordnungsbehörden und evtl. eine Straßensperrung nachgedacht werden.

Auch kann es dazu kommen, dass man genau an der Grenze zu einem anderen Bundesland fliegt und eventuell in dessen Luftraum eindringt. Hier kann dann eine weitere Erlaubnis nötig sein.

Auch sollte die Technik geprüft werden:

Sind die Propeller auseichend festmontiert, sind die Akkus in Ordnung, ist die Software aktuell usw.

Mögliche Packliste für den Einsatz:

- ✈ UAV mit Zubehör
- ✈ Erste-Hilfe-Kit
- ✈ Dokumente
- ✈ Absperrmaterial *(Flatterband etc.)*
- ✈ Ggf. Feuerlöscher
- ✈ Ggf. Sicherheitshelm
- ✈ Ggf. Warnweste
- ✈ Checklisten

Die Verantwortung über den sachgemäßen Einsatz trägt der Steuerer. Sollte dieser nicht ermittelt werden können, geht die Haftung auf den Firmeninhaber über *(Vernachlässigung der Aufsichtspflichten)*. Gerade unter diesem Gesichtspunkt muss jeder Steuerer besonders sensibilisiert werden und der Inhaber oder Geschäftsführer auf die korrekte Umsetzung achten.

Bei normalen Fotoeinsätzen sollte diese Art der Vorbereitung mit den unten aufgeführten Checklisten ausreichen. Bei sensiblen Bereichen, zum Beispiel Industrieanlagen und Unfallorten müssen intensivere Kriterien in Form einer Risikoanalyse modifiziert werden.

Eine Risikoanalyse sollte bei Spezialeinsätzen immer durchgeführt werden und wird in Zukunft an Relevanz gewinnen. Eine entsprechende Analyse könnte stark vereinfacht ähnlich folgender Abbildung aussehen.

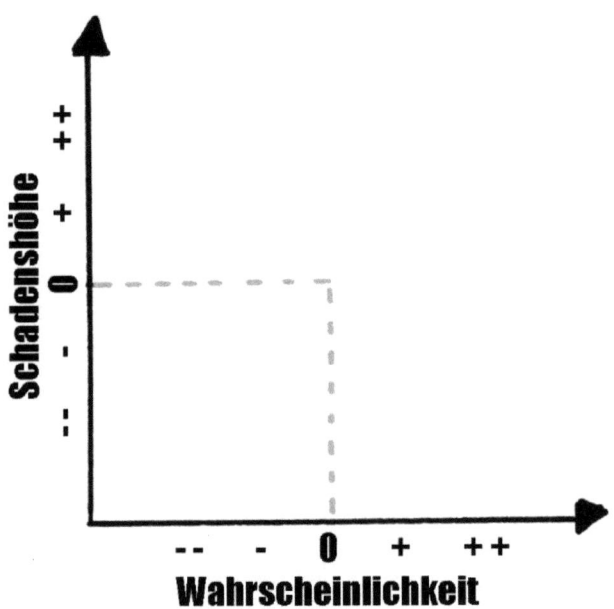

Abb. 30: *Risikoanalyse*[123]

Sollte die Risikoanalyse im Ergebnis niedrig und mittel sein, kann der Auftrag mit minimalistischen Sicherheitsvorkehrungen durchgeführt werden. Im Bereich hoch bis sehr hoch sollten die Ordnungsbehörden beteiligt werden oder ggf. der Auftrag nicht durchgeführt werden.

Sollten Aufträge mit hohem Risiko wahrgenommen werden, ist ein Notfallszenario entsprechend zu erstellen bzw. das bereits vorhandene zu ergänzen. Hier darf der Betrieb nicht einfach sorglos erfolgen.
Mehr Informationen zu Risikobewertungen gem. SORA erfahren Sie im bald erscheinenden Buch von Dr. Drohne.

Vor dem Start – Checkliste

Vor dem Aufstieg sollte man eine Checkliste abarbeiten, die mindestens folgende Punkte enthält:

- o   Alle Dokumente vor Ort.
- o   Eintrag im Flugbuch *(Ort, Datum, Steuerer, Wetterlage etc.)*.
- o   Kontrolle der Akkus und der Bodenstation/ Fernbedienung.
- o   Auswahl und Sicherung der Start- und Landezone.
- o   Abstimmung mit Anwesenden zu Notfallverhalten und allgemeinem Ablauf.
- o   Kontrolle des unbemannten Systems und allem Zubehör.
- o   Wetterlage ausreichend für Betrieb.
- o   Alle Genehmigungen eingeholt.
- o   Polizei/ Ordnungsbehörde informiert.
- o   Örtliche Besonderheiten berücksichtigt.

Beim Betrieb in der Nähe von Flughäfen und -Plätzen und in der Kontrollzone gilt zusätzlich:

- o   Abstand zur Flugplatzbegrenzung größer als 1,5 km *(wenn nein: Erlaubnis beantragt, bzw. Freigabe eingeholt?)*.
- o   Welche Flugverkehrskontrollfreigabestelle ist zuständig?

- o Flugverkehrskontrollfreigabe eingeholt bei Betrieb von UAV über 50m AGL bzw. Flugmodellen über 30m AGL *(Kontakte später)*.
- o Sichtung von bemanntem Fluggerät?

Diese und eigene Punkte sollten schriftlich fixiert werden *(und auch den eigenen Mitarbeitern in Form einer Checkliste zur Verfügung gestellt werden)*. Änderungen der Checklisten bzw. Anforderungen sollten postwendend bekannt gemacht werden, damit die vorab definierten Kriterien erfüllt werden können. Die Checkliste(n) sollten so einfach und klein wie möglich gehalten werden, sodass diese immer mitgeführt werden können.

 **Die Notfallcheckliste zum Beispiel sollte so kompakt sein, dass diese an der Fernbedienung befestigt werden kann und somit sofort vom Steuerer im Notfall einsehbar ist.**

Notfallszenarien sind vorab mehrfach zu erörtern und zu verinnerlichen. Je souveräner im Notfall gehandelt wird, desto weniger droht die Lage zu eskalieren. Ebenso sollten Erste-Hilfe-Maßnahmen bekannt sein. Es sollte eine Liste mit Notfallkontakten erstellt werden.

Bei den Notfallkontakten sollen folgende Institutionen nicht fehlen:

- ✈ Feuerwehr, Rettungsdienst *(112)*
- ✈ Polizei *(110)*
- ✈ Flugsicherung *(s. hinten)*
- ✈ Bundesstelle für Flugunfalluntersuchung *(Hermann-Blenk-Straße 16, 38108 Braunschweig, TEL.: 0531 35480)*

Sollte es zu unvorhergesehenen Störungen, Unfällen oder Notfällen kommen, sind die jeweiligen Institutionen sofort zu informieren und ein entsprechender Vermerk im Flugbuch zu machen.

Betriebsstart

Folgende Punkte sollten nach Einschalten des Multicopters, aber vor Start der Motoren beachtet werden:

- ✈ Funktionieren alle Positionsleuchten?
- ✈ Besteht eine Verbindung *(RC und Video)* zur Fernbedienung?
- ✈ Ist der Akku geladen und in Ordnung?
- ✈ Ist ein ausreichendes GPS Signal vorhanden?
- ✈ Ist der richtige Flugmodus ausgewählt?

Nach Start der Motoren hilft folgender Test der Funktionen: Bringen Sie den Multicopter in den niedrigen Schwebeflug und lassen Sie das Gerät auf etwa einem Meter Höhe hovern[124].

Prüfen Sie nun:

- ✈ ob das Gerät an der Stelle verharrt oder abdriftet,
- ✈ ordnungsgemäß auf Steuersignale reagiert,
- ✈ die Akkuleistung akut abfällt,
- ✈ die Wetterbedingungen auch in der Praxis ausreichend sind,
- ✈ keine Störquellen *(Passanten etc.)* vorhanden sind,
- ✈ kein weiterer Flugverkehr herrscht und

✈ Sie selbst mental bereit für den Einsatz sind.

Wenn alles in bester Ordnung ist, kann es losgehen. Treten Probleme auf, bringen Sie das Gerät wieder zu Boden und beseitigen Sie die Störfaktoren.

Treten während des Betriebes Probleme auf, sollte zur Sicherheit der Einsatz abgebrochen werden. Auch sollte bei kritischer Akkuleistung zügig gelandet werden und Passanten informiert werden, falls etwas schiefläuft und das Gerät zu verunglücken droht.

Wartung

Um auf lange Sicht ein zuverlässiges System zu haben, muss dieses auch regelmäßig gewartet bzw. gepflegt werden. Dies ist wie beim Auto, welches auch regelmäßig inspiziert werden muss. Doch was sollte man bei einem unbemannten Luftfahrtsystem beachten? Ein Blick in das Handbuch kann hier Abhilfe schaffen. Generell sollte man nach dem Aufstieg das System säubern und die Propeller abrüsten und mit den Akkus sicher lagern. Beachten Sie die Hinweise des Herstellers zur Akkulagerung, da die Akkus tiefenentladen oder vollgeladen bei längerer Liegezeit massiven Schaden nehmen können. Neue Akkus sind kostspielig, daher Obacht!

Kleinere Schäden oder Defekte sollten zeitnah ausgebessert werden. Hier sollte unbedingt mit dem Hersteller korrespondiert werden und das Handbuch beachtet werden. Besonders die Akkus und Elektromotoren sollten in festen Intervallen geprüft werden.

Im Bereich der Wartung muss auch nach regelmäßigen Updates der Firmware des Gerätes und der Steuereinheit Ausschau gehalten werden. Eine Kontrolle der Mechanik *(Leichtgängigkeit der Motoren, Schraubverbindungen etc.)* ist ebenfalls enorm wichtig. Feste Intervalle sollten geplant und eingehalten werden.

Besonders nach langen Standzeiten sollten die Geräte einer intensiven Prüfung unterzogen werden. Denn während des Nichtbetriebes können Akkus durch falsche Lagerung einen Defekt aufweisen oder Motoren verstauben.

Dokumentieren Sie alle durchgeführten Wartungen, dies hilft Ihnen den Überblick zu behalten.

Kapitel 9 – Kleine Kunde der Thermik und Aerodynamik

Kapitel 9 – Kleine Kunde der Thermik und Aerodynamik

„Aber ich wollte doch nur ein Flugmodell betreiben…" werden Sie jetzt denken. „Warum muss ich mir jetzt einige Seiten über Thermik durchlesen?" Weil hier viel Wissen kommt, welches Sie im Betrieb benötigen, vor allem in der Nähe von Küsten oder in großer Höhe. Denn die Physik spielt eine große Rolle.

Grundlagen

Für unsere Zwecke müssen wir eine lokale Betrachtung vornehmen, bspw. den Windtypen an der Küste zu verschiedene Tageszeiten oder den thermischen Auftrieben. Je nach Einsatz kann dies von großer Bedeutung für die Uhrzeit des Aufstieges sein.

Bleiben wir kurz beim Beispiel der Küste und machen wir eine Reise an die Nordsee. Hier sollen wir ein Strandstück fotografieren. Welche Windverhältnisse haben wir wann zu erwarten und warum? Bedingt durch unterschiedliche Temperaturverhältnisse von Wasser und Land entstehen Hoch- und Tiefdruckgebiete, die sich gegenseitig durch Wind regulieren.

So ist morgens die Erwärmung der Luft des Festlandes deutlich höher, als die des Wassers. Luft steigt nach oben und wird vom Wasser her „gezogen". Es herrscht ein Seewind zum Land hin.

Abends kühlt sich das Wasser langsamer ab, als das Land und das Hochdruckgebiet ist nun über dem Wasser. Entsprechend weht der so genannte Landwind vom Land zum Wasser hin[125].

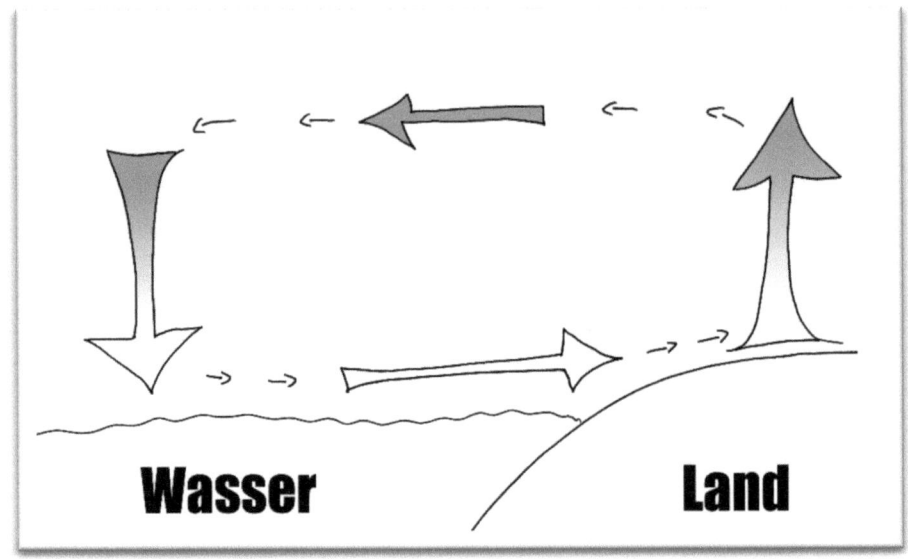

Abb. 31: *morgendliche Winde vom Meer zum Land[126]*

Ähnliche Skizzen lassen sich ebenfalls in Berggebieten erstellen, da auch hier hohe Temperaturunterschiede und damit verbundene Winde vorkommen[127].

Thermische Auf- und Abwinde

Wie eingangs erwähnt, steigt warme Luft auf, kühlt sich ab und fällt an anderer Stelle wieder herunter, sodass ein Kreislauf entsteht und sowohl im oberen Bereich, als auch am Boden Winde entstehen.

Ebenfalls entstehen Luftströme nach oben und unten, die das Flugverhalten eines Multicopters beeinflussen können.

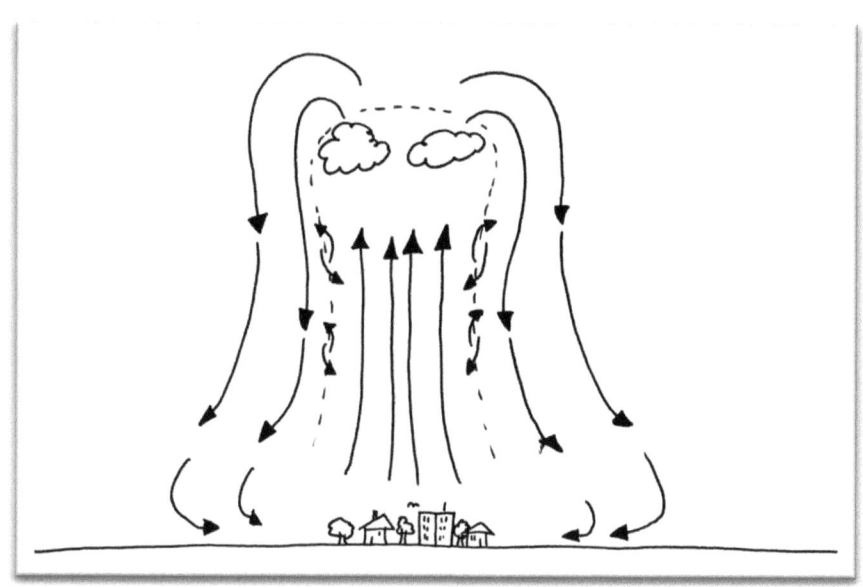

Abb. 32: *Thermische Aufwinde und Abwinde*[128]

Wärme entsteht unter anderem durch Sonneneinstrahlung. Die Sonnenstrahlen erhitzen den Boden und werden von diesem reflektiert. Im Stadtbereichen haben verschiedene Materialien der Häuser verschiedene Reflektionsgrade. Einige Gebäude speichern wärme, andere stoßen sie ab. Bedingt durch die warme, aufsteigende Luft und kalte Luft im oberen Bereich kommt es zu einem Windkreislauf wie in obiger Abbildung. Ähnliches kann auch über Weizenfeldern oder Felsen passieren. Kreisende Vögel können ein Indiz für viel Aufwind sein.

Der Aufwind begünstigt leichte Flugsysteme wie Segelflugzeuge, aber auch Multicopter beim Aufstieg, erschwert aber hingegen den Sinkflug. Die absinkende Luft am äußeren Teil des Kreislaufs bewirkt das genaue Gegenteil, sodass es deutlich leichter runter, als rauf geht[129]. Der Abwind kann, analog zum Sog beim Beispiel mit dem Berg *(siehe Turbulenzen)*, auch so stark sein, dass ein Multicopter an die Leistungsgrenze kommt und verunfallt. Am Reibungspunkt der Auf- und Abwinde kann es Verwirbelungen geben, die zu einem Umkippen des Gerätes führen können. Auf jeden Fall werden die Flugbedingungen in diesem Fall erschwert.

Turbulenzen und Verwirbelungen

Gerade beim Betrieb eines unbemannten Luftfahrtsystems, welches durch sein geringes Eigengewicht sehr anfällig auf Windböen und Verwirbelungen ist, sind Winde sehr gefährlich. Auf der Abbildung sehen wir einen Multicopter, der ein Haus fotografiert. Es herrscht mäßiger Wind, gerade noch passend für den Einsatz.

Was bei dem Einsatz nicht bedacht wurde: Im „Windschatten" des Hauses kommt es zu Verwirbelungen. Solche Verwirbelungen können dazu führen, dass der Multicopter überschlägt und dann wie ein Stein vom Himmel fällt.

Abb. 33: *Wind und Verwirbelungen an Häusern und Bäumen*[130]

Gleichmäßiger Wind herrscht in der Regel nur im höheren Bereich. Je näher man am Boden ist, desto mehr Störfaktoren wie Häuser, Bäume, Brücken, Masten, Kräne usw. gibt es. Und jeder Störfaktor bringt seine individuellen Verwirbelungen und Turbulenzen mit sich.

 **Wenn es auch an einem Häuserblock komplett windstill ist, können einige Meter weiter schon Verwirbelungen oder Turbulenzen den Flug beeinflussen.**

Seien Sie beim Flug also konstant aufmerksam und reagieren Sie frühzeitig. Sollten die Flugbedingungen „flatterig" werden, sollte zügig gelandet werden.

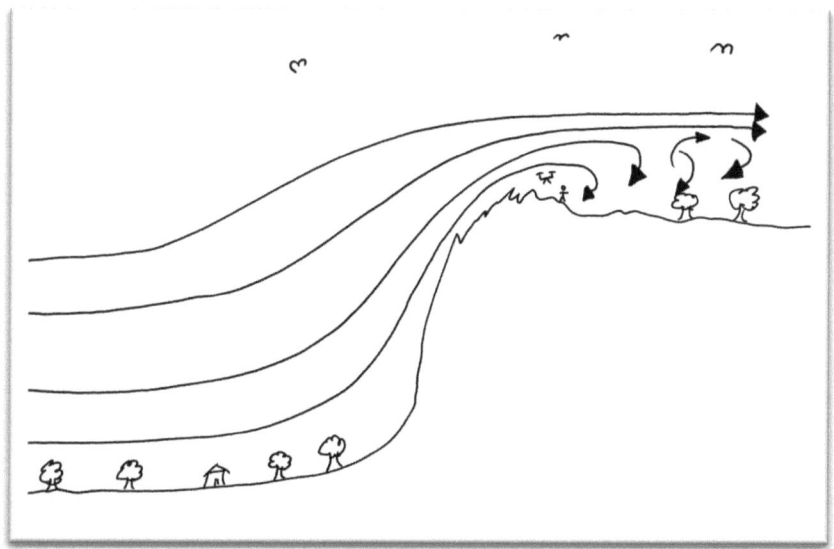

Abb. 34: *Windströmungen am Berg*[131]

Weitere Turbulenzen können an Bergen und Abgründen entstehen. Wenn der Wind auf eine Ansteigung prallt, wird die Luft bergauf gedrückt. So entsteht an der Kante möglicherweise ein Wind, der einem unbemannten System ordentlich Auftrieb geben kann[132].

Dies ist erstmal nicht schlimm, sofern man nicht zu weit über die Kante fliegt, denn mit Abriss des Windes kann das Gerät unerwartet absacken. Weht der Wind in die andere Richtung *(talwärts)* kann ein Sog entstehen, gegen den die kleinen Motoren des Gerätes ggf. nicht ankommen können. Die Gefahr eines Absturzes ist durchaus vorhanden.

Verwirbelungen oder Turbulenzen entstehen auch hinter Flugzeugen oder Windkraftanlagen. In diesem Fall spricht man von so genannten **Windschleppen**. Diese stark rotierenden Luftverwirbelungen sind deutlich intensiver, als die beim Beispiel des Hauses und auch des Berges.

Deswegen sollte im Bereich von Windkraftanlagen vorsichtiger geflogen werden und im Idealfall nur dann, wenn diese außer Betrieb sind. Interessant ist, dass die Verwirbelungen nicht sofort verschwinden, sondern auch noch einige Zeit noch existieren, nachdem bspw. das Flugzeug von der Position schon entfernt ist[133].

Auswirkungen von Wind, Thermik und Wetter auf den Einsatz

Im Bereich der Flugplanung ist also zu beachten, wo geflogen wird und welche Wetterbedingungen vorliegen: gibt es Berge und Steigungen, ist es warm, scheint die Sonne, sind Gewässer in der Nähe usw. Je mehr Wind vorherrscht, gegen den die kleinen Motoren ankämpfen müssen, desto kürzer ist die Flugzeit.

Denn die Motoren müssen deutlich mehr Leistung bringen. Auch das am Gerät verbastelte Zubehör muss ggf. entsprechend angepasst werden, damit das MTOW die Akkulaufzeit nicht noch zusätzlich beeinträchtigt. Der Wind beeinflusst das Gerät allerdings nicht nur beim Aufsteigen oder Absteigen. Auch im horizontalen Flug kann der Wind günstig oder ungünstig stehen. Mit Rückenwind geht es flotter voran. Der Rückweg ist dann dafür mit mehr Kraftaufwand für die Motoren verbunden. Auch wenn ein Gerät nur an einer Stelle die Position hält, können Winde die Motoren strapazieren und zu einer zügigen Entleerung der Akkus führen.

 **Leichte Winde am Boden können auf 100m Höhe bereits deutlich heftiger sein und das Luftfahrtsystem eventuell abtreiben lassen.**

Im Gegensatz zum Auftrieb bei zu warmen Temperaturen, kann auch zu kaltes Wetter die Flugzeit minimieren. Die Akkus arbeiten bei Kälte unter ca. 18° nicht im optimalen Bereich. Bitte planen Sie das mit ein, wenn Sie bei kaltem Wetter den Betrieb aufnehmen. Ein zusätzlicher Akku sollte mitgenommen und vorher erwärmt werden[134].

Aerodynamik und Bodeneffekt

Die Aerodynamik ist, einfach gesagt, der Grund, warum ein UAV in die Luft gehen kann. Mit Hilfe des Auftriebes können Multicopter, aber vor allem auch andere Fluggeräte, wie Segelflieger, überhaupt die Gravitation überwinden.

Verschiedene Flugsysteme bedienen sich den aerodynamischen Prinzipen in ebenfalls verschiedener Form. So sind Zeppeline und Heißluftballons leichter als Luft und profitieren vom natürlichen Auftrieb. Drehflügler, wie Helicopter und Multicopter, müssen vorerst Energie aufwenden, um genug Luft verdrängen zu können und den Boden zu verlassen. Und im Vergleich zu Flugzeugen (Starrflügler) wird bei Drehflüglern am meisten Energie aufgewendet. Ein Flugzeug kann zum Beispiel auch natürliche Aufwinde nutzen und stellenweise segeln. Ein Drehflügler muss konstant Energie aufwenden, kann aber im Gegenzug auf der Stelle schweben oder senkrecht starten.[135]

In dem Zusammenhang zu erwähnen ist der so genannte Bodeneffekt, der schon viele Propeller auf dem Gewissen hat. Beim Landen oder schweben in Bodennähe kann die verdrängte Luft nicht gut entweichen und es entstehen unter dem Gerät Turbulenzen, auch Luftpolster genannt[136]. Diese können teilweise sehr stark ausfallen und unter diesen Bedingungen kann der Betrieb unsauber laufen, das Gerät im schlimmsten Fall verunglücken. Die positive Nebenwirkung des Bodeneffekts ist die effizientere Laufzeit des Akkus, durch niedrigeren Verbrauch als in luftigen Höhen.

Kapitel 10 – Apps und Helfer

Kapitel 10 – Apps und Helfer

Parallel zu dem Markt der Multicopter, hat sich auch der Markt der Support- Apps entwickelt.

Es gibt Apps zum Steuern der Geräte *(z. B. Bebop Control, DJI Go usw.)*, zum Streamen des Videolinks und zum Auslösen der Fotos *(bspw. beim Yuneec Q500 die App CGO2 und CGO3)* oder auch Flugbücher *(Drone Logbook)*.

Eine digitale Führung des Flugbuches bietet sich in heutigen Zeiten an, da speziell bei dem Betrieb eines DJ Phantom Systems das Smartphone oder Tablet dabei ist und die App simultan genutzt werden kann, bzw. die DJI Go App den Flug automatisch protokolliert . Es können GPS Daten gespeichert und Benutzer eingerichtet werden. Natürlich ist auch ein analoges Flugbuch eine gute Alternative *(z. B. das Flugbuch mit Checklisten von „Dr. Drohne")*.

Die nachfolgend vorgestellten Apps sind eine kleine, persönliche Auswahl und stellen nicht die gesamte Bandbreite der angebotenen Apps dar. Starten wir mit zwei Apps, die im Bereich der Flugvorbereitung gute Helfer sein können.

UAV Forecast

Die *(teilweise)* kostenfreie App hilft bei der Entscheidung, ob man fliegen sollte oder nicht. Wichtige Wetterdaten, Sonnenaufgang und Sonnenuntergang, Windverhältnisse *(Stärke und Richtung)*, Wolkendichte, Sichtweite usw. werden in praktischer Anordnung gezeigt. Ebenso die Empfehlung, ob man starten sollte oder nicht. Die Zweite Ansicht zeigt die vermutlichen aktuellen Tageswerte. Ein Upgrade bietet die Möglichkeit der Wochenvorschau und somit mehr Flexibilität für die Planung.

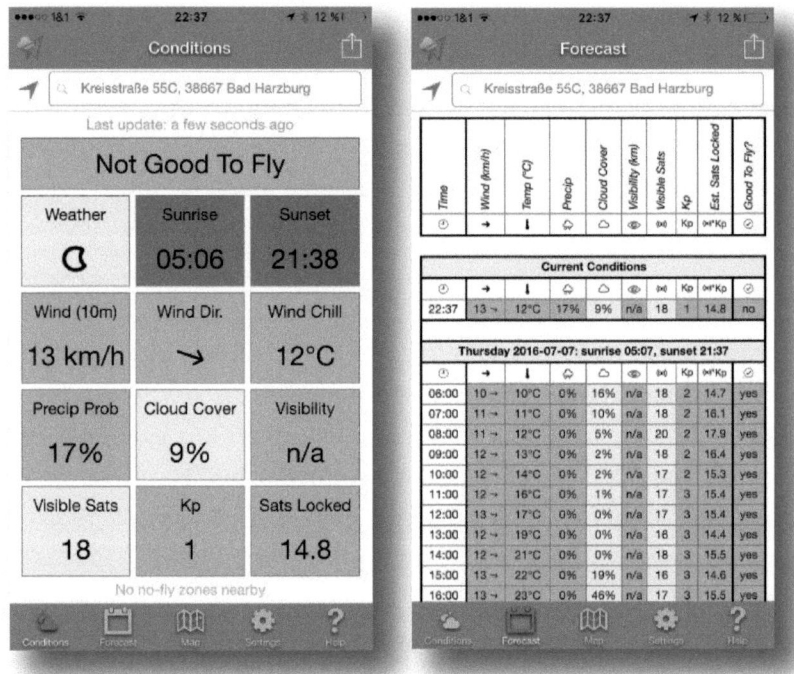

Abb. 35 + 36: *Screenshots der App UAV Forecast*

Die App wird dann allerdings jährlich mit 23,99€ berechnet und stellt im App-Store schon eher eine teure Seltenheit dar.

Für die Flug-Vorbereitung bietet die App zusätzlich noch eine Karte mit Flugzonen, die es zu meiden gilt und auch kontrollierte Lufträume werden grob skizziert. Leider ist hier die Genauigkeit nicht besonders gut: Es fehlen viele kleine Flugplätze und private Landeplätze für Helicopter. Krankenhäuser mit Heliports sind gar nicht erfasst.

myFly Zone

Im Bereich der Flugzonen ist die kostenpflichtige App myFly Zone wohl die -aktuell- beste in Deutschland. Hier sind alle Flugplätze, Flughäfen, Helicopter Landeplätze und auch Krankenhauslandeplätze erfasst und zusätzlich mit 1,5 km Radius versehen, bzw. die Kontrollzone skizziert. Das ist klasse und hilft dem Piloten vor dem Start. Auch werden hier die meteorlogischen Flugbedingungen gecheckt; abgespeckt, aber ausreichend.

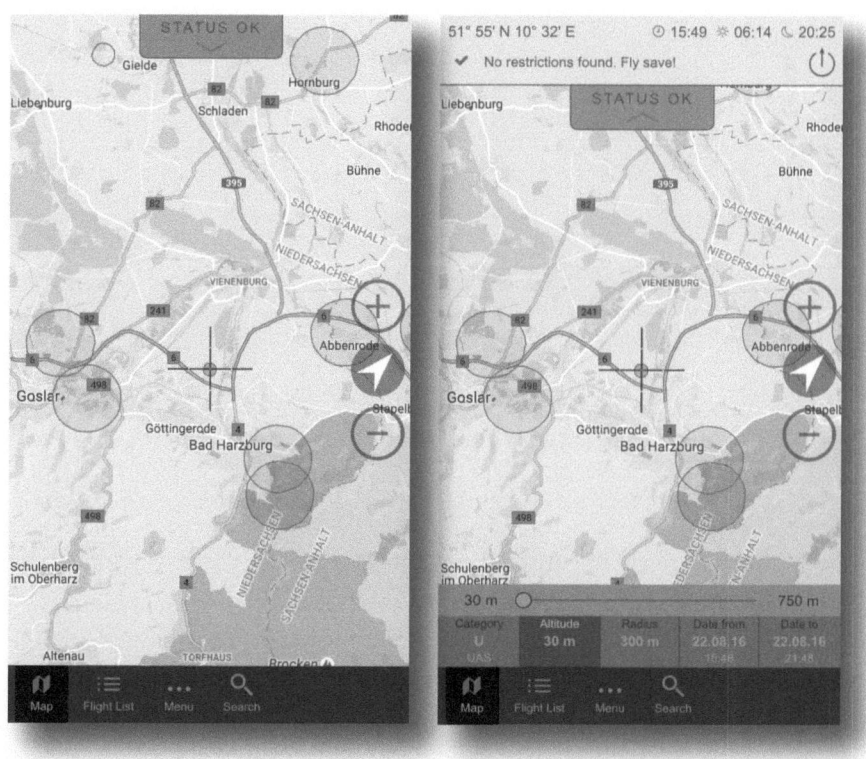

Abb. 37 + 38: *diverse Screenshots aus der App myFly Zone*

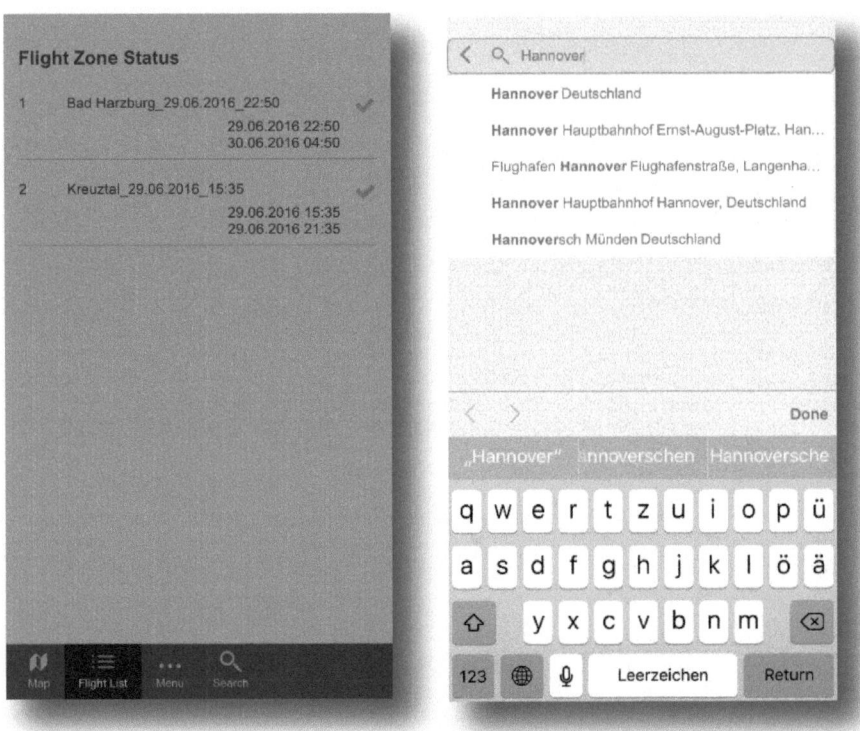

Abb. 39 + 40: diverse Screenshots aus der App myFly Zone

Ein weiteres Goody der App ist das integrierte „Flugbuch", welches bequem zu führen ist und zeitgleich die Wetterbedingungen speichert.

Natürlich gibt es auch weitere Apps, die Ihren Zweck erfüllen. Suchen Sie sich individuell die App aus, mit der Sie am besten zurechtkommen. Auch ein Flugbuch muss nicht unbedingt digital geführt werden. Die Variante mit Stift und Papier ist natürlich absolut legitim und stromunabhängig.

Hover

Die Gratisapp „**Hover**" bietet recht viel. Auch hier werden Flugplätze angezeigt. Allerdings deutlich weniger umfangreich als bei myFly Zone. Dafür ist die Wettervorhersage sehr übersichtlich und es gibt eine Flugempfehlung wie bei UAV Forecast. Diese App allerdings überzeugt durch ein umfangreiches Flugbuch und bietet einen Newsticker.

Kopter-Profi-App

Die App vom Versicherungsmakler Kopter-Profi.de bietet in etwa die gleichen Features wie Hover und UAV Forecast. Als Zusatz kann hier die Versicherung registriert werden, sodass man den Nachweis immer dabei hat. Zudem kann ein digitales Flugbuch geführt werden und es gibt gute Tipps, was man an dem jeweiligen Aufstiegsort darf. Diese App steht allen Kunden von Kopter-Profi gratis zur Verfügung.

 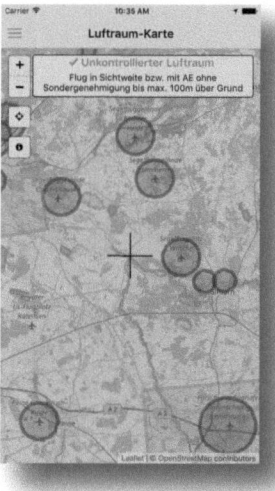

Abb. 41: Screenshots der Kopter-Profi-App[137]

Online Kartenmaterial

Wenn Sie keine Lust haben, sich eine App zu besorgen, können Sie die Planungen auch bequem zuhause am PC machen. Es gibt gutes Kartenmaterial kostenlos im Internet, wobei zwei Anbieter hervorstechen. Der folgende Link: **https://maps.openaip.net** führt zu einer komplett kostenlosen Karte, die sogar über Hubschrauberlandeplätze bei Krankenhäusern verfügt. Nutzen Sie das Kartenmaterial bei jeder Planung. Diese Seite bekommt das Prädikat: Besonders wertvoll!

Alternativ kann auch mit Google Earth geplant werden. Das Kartenmaterial der erfolgreichsten Suchmaschine ist fotorealistisch aufgearbeitet. Das Schöne an Google Earth ist, dass man weiteres Material einfügen kann. Auf **www.skyfool.de/Lufträume** kann eine kmz[138]-Datei heruntergeladen werden, welche alle Lufträume, RMZ und EDRs, sogar kleine Flugplätze inkludiert hat. Leider fehlen in dieser Erweiterung noch die Landeplätze von Krankenhäusern und einige private Heliports. Generell sind aber beide Anbieter des Gratismaterials sehr zu empfehlen.

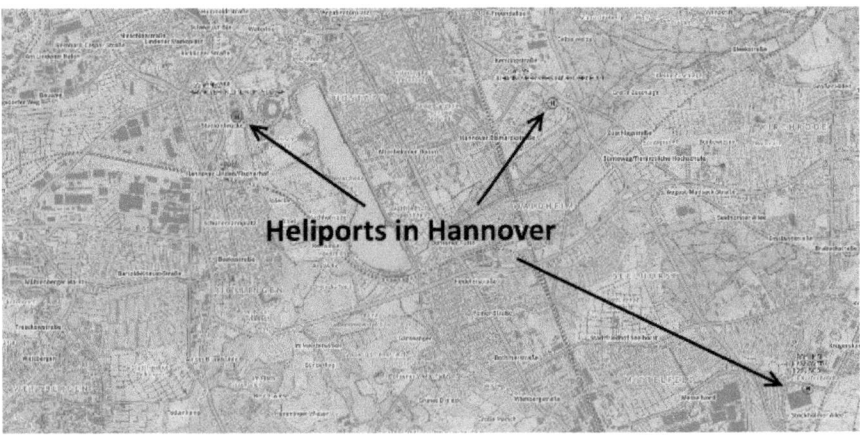

Abb. 42: *Heliports in Hannover auf maps.openaip.net*[139]

Seite der Deutschen Flugsicherung

Auf der Homepage der DFS **www.dfs.de** finden Sie viele nützliche Tipps zu Drohnen und Lufträumen. Auch finden Sie hier die Kontaktdaten zu allen DFS-Towern und den Flugverkehrskontrollfreigabestellen.

Deutscher Modellflugverband

Viele News und rechtliche Fragestellungen werden auf der Seite des DMFV **www.dmfv.aero** bereitgestellt. Hier finden Sie die neusten Informationen zu Aktionen des DMFV und zur Lobbyarbeit bei politischen Gremien zur Wahrung der Interessen der Modellflieger.

Digitales Flugbuch

Auf **www.dronelogbook.com** erhalten Sie ein sehr fähiges Logbuch zur digitalen Flugschreibung. Auch eine App ist erhältlich. Ein Nachteil ist hier für manchen Anwender eventuell die englische Sprache.
Ebenfalls einen Versuch wert ist dieses Logbook: **www.rpaslogger.com**

Paint.net

Dieses Gratistool für Grafikanwendungen hilft bei der Gestaltung der Lagepläne. Es bietet alle nötigen Funktionen und man findet sehr schnell ins Programm. Eine Gratisversion bekommen Sie auf **www.chip.de/downloads/Paint.NET_13015268.html**.

Online Schulung

Wie fit Sie rechtlich mit diesem Buch geworden sind, können Sie in der App von Flynex auf **www.flynex.de**. In der „Flyschool" wird Wissen vermittelt und abgefragt. Zum Auffrischen des luftrechtlichen Wissens sehr gut geeignet. Die Plattform bietet zudem die Möglichkeit, seine Dienstleistungen anzubieten und hat allgemein viele nützliche Tools auf Lager.

Abb. 43: *Flyschool von Flynex.de*[140]

Kapitel 11 -
Ordnungswidrigkeiten

Kapitel 11 - Ordnungswidrigkeiten

Was passiert eigentlich, wenn ich mich nicht an die Bestimmungen halte? Kann ich als Privatmann meinen Multicopter noch als Flugmodell betreiben, wenn ich eine gewerbliche Erlaubnis habe? Wer ist berechtigt mir ein Bußgeld zu geben?

Auf diese und weitere Fragen wollen wir auf den kommenden Seiten eingehen und dabei auch einen Blick auf die häufigsten Fehler werfen, damit wir nicht bald unangenehme Post im Briefkasten haben. Wer sich gewissenhaft an die Regeln hält, wird zu 99% seine fliegerische Karriere ohne Bußgelder verbringen. Deshalb sollte dieses Kapitel mitsamt dem Wissen der vorangegangenen intensiv studiert und verinnerlicht werden. Zuerst gilt es zu klären, wie der Aufbau bzw. Ablaufeines Ordnungswidrigkeitenverfahrens *(Owis)* ist.

Es gibt derzeit wenig aktive Recherche von Seiten der Behörden, die das Internet gezielt nach Verstößen gegen das Luftrecht durchsuchen.

Es hat sich zuweilen eine Mentalität entwickelt, bei der man von einer Reinigung von Innen sprechen kann. Viele Inhaber einer Erlaubnis schwärzen sich gegenseitig an oder geben Hinweise auf Steuerer ohne Erlaubnis, die Ihre Dienste anbieten oder unerlaubt Bilder veröffentlichen.
Parallel dazu rufen viele genervte Nachbarn die Polizei oder Luftfahrtbehörden an, um sich zu beschweren.

Nachdem eine Anzeige eingegangen ist, werden die Behörden aktiv und sichern Beweise, teilweise auch aus sozialen Netzwerken.

Gerade deshalb sollte man folgende Punkte beachten, um nicht ins Visier der Behörden zu geraten:

- **Beantragen Sie eine Erlaubnis** für Ihr unbemanntes Luftfahrtsystem. Auch wenn Sie die Luftbilder nur auf Facebook veröffentlichen wollen. Denn durch eine Recherche werden eventuell weitere Fehler gefunden, die Sie durch eine Erlaubnis vielleicht nicht begangen hätten.

- Nehmen Sie die **Informationspflichten** gegenüber den Ordnungsbehörden ernst! Wenn diese Stellen über Ihren Einsatz Bescheid wissen, wird bei einem Anruf durch sich gestörte Personen nicht unbedingt ausgerückt.

- Schauen Sie Ihre Videos an, bevor Sie diese hochladen. Wenn Sie Fehler bzw. Verstöße sehen *(z. B. Überflug von Menschen oder Straßen, Fliegen bei Nacht ohne Erlaubnis, höher als 100m jeweils ohne Einzelerlaubnis)*, schneiden Sie die Szenen raus, laden nur die „legalen" Momente hoch und machen den Fehler nicht noch mal.

- **Sprechen Sie mit den Nachbarn** oder den Personen, über deren Grundstücke Sie fliegen wollen. Eine Info vorab mindert den Ärger während des Einsatzes.

- Fliegen Sie in bewohntem Gebiet nicht zu riskant umher und meiden Sie den Überflug von Menschen. Nichtflieger können die Fluglage nicht richtig einschätzen und fühlen sich schnell angegriffen.

„Ich wurde im Sturzflug angeflogen und das Gerät wurde 50cm über meinem Kopf erst gestoppt".

In Wirklichkeit konnte in einem Fall des „direkten Anflugs" durch ein Video und Aufzeichnungen der DJI Go App des betreffenden Fluges bewiesen werden, dass das Gerät nicht gezielt auf die Nachbarin zugeflogen worden ist und sich vielmehr im allgemeinen Sinkflug befand *(um auf dem eigenen Grundstück zu landen)*. Das Gerät wurde etwa auf Höhe des Daches im Schwebezustand gelassen. Die empörte Nachbarin war im Video während des Fluges in Ihrem Garten zu sehen. Ebenso als das Gerät auf Höhe des Daches verweilte und eben nicht „50 cm" über ihrem Kopf.

Man sieht also, dass die Wahrnehmung von Positionen und Flugverhalten von „Nichtfliegern" und „Fliegern" verschieden sein kann. Den Behörden liegt aber in der Regel nur die „scharfe" Variante der Anzeigenden vor. Im Verfahren wird dann wahrscheinlich auch das Bußgeld entsprechend hoch ausfallen, wenn Sie kein entlastendes Material liefern *(können)*.

Doch wie ist der Ablauf des Verfahrens?

1) Am Anfang steht die Anzeige. Diese wird durch Nachbarn, andere Piloten oder Neider bei der Luftfahrtbehörde gestellt. Alternativ können auch die Polizei oder die Ordnungsbehörden die Anzeige annehmen und zuständigkeitshalber an die Luftfahrtbehörde weiterleiten. In einigen Teilen Deutschlands ist die Polizei bereits extrem sensibilisiert. Speziell in Hannover werden regelmäßig Geräte „vom Himmel geholt" und die Daten der Steuerer bei Verstößen an die Luftfahrtbehörden weitergeleitet.

2) Die Anzeige wird dann in der Luftfahrtbehörde angenommen und weiter geprüft. Es können anhand der Daten die Accounts sozialer Medien und die Homepage nach den angezeigten und eventuellen weiteren Verstößen durchforstet werden. In der

Regel wird der Sachbearbeiter schnell fündig und kann die entsprechenden Verstöße zusammentragen.

3) Es wird eine Anhörung vorgenommen, da dem Beschuldigten die Möglichkeit gegeben werden muss, sich zu der Sache zu äußern[141]. **Nutzen Sie hier die Chance, Ihre Unschuldigkeit zu beweisen.** In der Anhörung können Sie sämtliches Material wie Videos, Flugbuch, DJI-Flugschreiber oder Zeugenaussagen vorbringen. Je mehr Sie Ihre Argumente anhand von Beweisen untermauern, desto größer sind Ihre Chancen, mit einem blauen Auge davonzukommen. Wenn Sie diese Möglichkeit nicht nutzen, wird nach Aktenlage entschieden werden- mit großer Gewissheit wird es dann teurer. Eine Anhörung sollte immer wahrgenommen werden. Denn schlussendlich zeigt es auch Ihren Willen zur Klärung des Sachverhaltes.

4) Nachdem die Anhörung vollzogen ist, wird von der Behörde erneut geprüft und abgewägt. Je überzeugender Ihre Aussagen sind, desto eher werden die Vorwürfe fallengelassen oder das Bußgeld könnte geringer ausfallen.

5) Entweder wird das Verfahren eingestellt oder ein Bußgeldbescheid erstellt. Auch kann die Erlaubnis bei sehr schweren Verstößen eingezogen oder mit weiteren Nebenbestimmungen versehen werden.

6) Um dagegen anzugehen, müssen Sie einen Widerspruch einlegen und finden sich recht schnell vor Gericht wieder, welches dann über die Rechtswirksamkeit des Bescheides entscheiden muss. Je nach Höhe des Bußgeldes kann ein Gang vor Gericht sinnvoll sein. Sind die von der Behörde vorgebrachten Argumente allerdings richtig und auch nachvollziehbar, ist das Gericht wahrscheinlich nur noch eine zusätzliche Belastung.

Mit welchen Bußgeldern muss ich rechnen?

Hier gibt es keine festen Summen, aber einen beachtlichen Rahmen. Die Behörde kann gemäß § 58 Abs. 2 LuftVG ein Bußgeld von bis zu 50.000,00 € aufrufen.

 **Sollte der Steuerer nicht zu ermitteln sein, so haftet der Geschäftsführer. In dem Fall entsteht der Vorwurf, dass Aufsichtspflichten verletzt worden sind.**

Das Höchstmaß der Möglichkeiten wird natürlich in den seltensten Fällen ausgereizt. Mit einem Bußgeld von 100,00 – 1.000,00 € kann man dafür rechnen. Maßgebend ist die Schwere des Verstoßes.

Ein Regelverstoß gegen eine Nebenbestimmung, bspw. wenn die Polizei nicht informiert worden ist *(das ist eher als fahrlässige Bagatelle einzustufen)*, wird wohl mit unter 100,00 € geahndet, während ein Flug über die A2 *(ebenfalls Verstoß gegen die Nebenauflagen)* deutlich höher ausfallen wird.

Die Frage ist immer: Wie gefährlich ist der Verstoß für die öffentliche Sicherheit und Ordnung und den Luftverkehr. Versuchen Sie immer alle Regeln einzuhalten, denn ein Bußgeld ist ärgerlich und, durch ein gewisses Maß an Vorsicht und Rücksichtnahme auf die Belange Dritter, leicht zu verhindern.

Kapitel 12 – Was passiert in Zukunft?

Kapitel 12 – Was passiert in Zukunft?

Deutschlands Pläne

Verfolgt man die Presse, so kann man feststellen, dass der Verkehrsminister einige Änderungen der luftrechtlichen Bestimmungen hinsichtlich Drohnen vorsieht. Wann die neuen Regelungen in Kraft treten sollen und was genau alles geregelt werden soll, ist das große Rätsel. In Fachkreisen kursiert Anfang 2017 als Favorit.

Das macht in zweierlei Richtung auch Sinn. Erstens will der Verkehrsminister eine Regelung bis September 2017 erreichen. Zweitens wird auch auf Seiten der EU fleißig an einer europaweiten Regulierung getüftelt.

Laut Bekanntgabe des BMVI kann man folgende Änderungen erwarten, die speziell die Modellflieger ärgern dürften. Eine der vermeidlichen Regelungen könnte zum Beispiel ein **Verbot für den Aufstieg von Flugmodellen und UAS innerhalb von Ortschaften** beinhalten.

Für Geräte über 5 kg oder mit Verbrennungsmotor ist eine solche Regelung bereits vorhanden. Genauer betrachtet dürfen diese Geräte *(je nach Schallpegel)* nicht in einem Umkreis von 1,5 km zu bewohntem Gebiet aufsteigen oder betrieben werden[142]. Für die kleineren Geräte und die Luftbildbranche würde das allerdings einen <u>gravierenden</u> Einschnitt bedeuten. Kommt diese Änderung, so dürfen auch Multicopter ohne Sondererlaubnis nur noch außerhalb der Ortschaften betrieben werden.

Mit neutralem Blick kann man sagen: „Gut gemacht, denn die Modellflugzeuge fliegen ja auch nicht im Ort, sondern auf dem Modellflugplatz *(oder auf dem Acker)*". Aus Sicht der Steuerer von UAS wäre diese Regelung natürlich ein gewaltiger Beschnitt der fliegerischen Freiheiten.

Eine Lösung stellt bei dieser Änderung die Allgemeinerlaubnis dar, denn für unbemannte Luftfahrtsysteme soll das Verbot des innerörtlichen Fluges nicht gelten *(Achtung: In einigen Bundesländern dürfen Flüge in der Stadt nur per Einzelerlaubnis erfolgen).*

Abb. 44: *In USA bereits Realität: No Drone Zones*[143]

Derzeit können Privatpiloten unter Umständen ihr Flugmodell noch im **FPV-Modus** verwenden. Dies soll per Gesetz für Geräte über 250g verboten und intensiver erschwert werden[144]. Gem. § 19 Abs. 3 Nummer 1 LuftVO stellt der Betrieb außer Sicht bereits jetzt für unbemannte Luftfahrtsysteme eine verbotene Nutzung des Luftraumes dar. Diese Regelung konnte bisher nicht analog für den Modellflug angewandt werden. Aus diesem Grund ist diese Änderung die logische Konsequenz für die rechtliche Angleichung zwischen Flugmodellen und UAS. Für kleinere Geräte bis 250g kann dafür ein Flug per FPV freigeben werden.

Zudem soll der Betrieb über Industrieanlagen, Justizvollzugsanstalten, militärischen Anlagen, Kraftwerken und Anlagen der Energieerzeugung und -Verteilung sowie Bundesfernstraßen und Eisenbahnlinien, über Menschenansammlungen, Unglücksorten oder Katastrophengebieten und Einsatzorten von Polizei oder anderen Sicherheitsbehörden oder -Organisationen für Modelle gänzlich verboten werden[145]. Auch dies ist eine **Gleichschaltung** zu den bereits vorherrschenden Gesetzen für die unbemannten Luftfahrtsysteme.

Eine weitere mögliche Regelung ist die **Begrenzung der maximalen Aufstiegshöhe** für Flugmodelle analog zu unbemannten Luftfahrtsystemen. Als erstmals über diese mögliche Änderung bzw. Anpassung diskutiert worden ist, kam der DMFV sofort zu Wort und beklagte sich. Denn mit der Höhe werden zwar „Drohnen" reguliert, aber auch andere Modellflieger. So wird für Segelflugmodelle eine weitaus größere Aufstiegshöhe im Bereich zwischen 200 und 300 m benötigt. Dies begründet sich in der dortigen Thermik. Nur hier können diese Modelle zweckmäßig betrieben werden[146]. Um dieses Begehren befriedigen zu können und zeitgleich trotzdem den Kurs zu wahren ist davon auszugehen, dass Modellflugplätze und andere Sonderplätze von der Regelung ausgenommen sind und Segelflugmodelle dort wie gewohnt betrieben werden dürfen.

Sowohl privat genutzte, als auch gewerblich genutzte Geräte ab einem Gewicht von 0,25 kg sollen einer **Kennzeichnungspflicht** unterworfen werden. Hierdurch soll Missbrauch verhindert werden und im Schadensfall der Steuerer schneller ermittelt werden.[147] Bisher sieht diese Kennzeichnung eine Art feuerfesten Sticker vor, der am Gerät befestigt werden soll. Ob dies dem Sinn tatsächlich gerecht wird, darf bezweifelt werden. Eine echte Registrierung *(bspw. online)* mit der Seriennummer und den persönlichen Daten könnte eine Lösung darstellen und langfristig sicher auch angestrebt werden.

Bei Hunden ist eine entsprechende Registrierung in Niedersachsen bereits real. Eine auf Multicopter abgewandelte Version könnte die Lösung darstellen.

Im Gegenzug soll es eine **Lockerung für unbemannte Luftfahrtsysteme** geben. So haben die Bundesländer Sachsen und Baden-Württemberg analog zu Thüringen und Bayern eine Allgemeinverfügung erlassen. Während einige Bundesländer scheinbar die Zügel lockern, so bleibt bspw. Berlin wegen der Kontrollzonen und dem sensiblen Bereich weiterhin hart und lässt nur Einzelaufstiege zu.

Im Bereich Landwirtschaft und Verkehrsüberwachung soll es ebenfalls eine Lockerung geben, da hier potentielle Chancen vermutet werden[148].

Auf landwirtschaftlichem Sektor finden bereits jetzt Tests statt, die sich mit Pflanzenforschung und Aufspüren von Wild und Wildschäden beschäftigen.

In diesem Bereich ist das Gefahrenrisiko als gering einzustufen.

Der Betrieb im FPV Modus könnte deutschlandweit für UAV möglich gemacht werden, sofern der sichere Betrieb nachgewiesen wird.[149] Ob dies dann mit einem zusätzlichen Luftraumbeobachter oder ohne geschehen soll, steht noch nicht fest. Es ist aber davon auszugehen, dass diese Möglichkeit nur mit Spotter und per gesonderter Erlaubnis in Betracht gezogen werden kann.

Ein ebenfalls heiß diskutierter Punkt auf der Agenda des Verkehrsministers ist die bundeseinheitliche Pflicht zum „Drohnenführerschein". Mittels dieses Führerscheins sollen Steuerer von UAS neben dem fliegerischen Können auch Kenntnisse im Bereich des Luftrechtes nachweisen. Für die Erteilung dieser Lizenz soll laut Plan das Luftfahrt-Bundesamt übernehmen[150].

Pläne von der EU

Auf EU Ebene wird ebenfalls mit Hochdruck an einer europaweiten Lösung gewerkelt. Derzeit beschränkt sich die Kompetenz der EU lediglich auf UAV ab einem MTOW von 150 kg. Durch eine geplante Erweiterung für auf alle Gewichtsklassen würden analog auch die Gesetze angepasst. Und diese Änderungen haben es in sich.

Es werden hier nicht alle Änderungen im Detail erwähnt. Wer sich richtig schlau lesen möchte, dem sei die „A-NPA 2015-10" empfohlen[151].

Folgende Grundprinzipien sollen von Seiten der EU durch entsprechende Leitlinien bestimmt werden:

- ✈ Erfassung aller gewerblich und privat genutzter UAS[152]

- ✈ Das Risiko und damit auch die notwendigen Anforderungen an das UAS ergeben sich aus der Anwendung. Ergo kann ein Gerät nach Anwendung eingeordnet werden.[153]

- Einteilung von UAS in drei Kategorien *(mit jeweiligen Unterkategorien)*
- Vereinfachung der Nutzung von UAS.

Wichtig sind hier die 3 geplanten Kategorien:

- Die „open" Kategorie
- Die „specific" Kategorie und
- Die „certified" Kategorie[154]

Wollen wir uns doch mal genauer ansehen, was in den jeweiligen Kategorien geplant ist und starten chronologisch in der „open" Kategorie.

Die open-Kategorie zeichnet sich durch ein geringes Risiko aus. Hier gibt es zwar keinen Freibrief, doch trotzdem können die Geräte mit einem Mindestmaß an Regulierungen betrieben werden. Die Vorgaben sollen hier den jeweiligen Einsatz betreffen und lediglich Geräte bis zu einer bestimmten Masse berücksichtigen. Einer Erlaubnis ist für diese Kategorie nicht in allen Unterkategorien zwingend vorgesehen, was den bürokratischen Aufwand vermindert.

Nachfolgend einige Rahmendaten der Kategorie open.

- Das MTOW soll hier 25 kg betragen. Aus diesem Grund soll es noch Untergruppen geben, eine davon etwa die Kategorie „harmless". In diese soll Spielzeug mit geringem Gewicht eingeordnet werden, eine mögliche Grenze liegt bei 250 gr. Die harmlosen Geräte sollen ohne Führerschein betrieben werden dürfen, da keine Gefahr von solchen Geräten zu erwarten ist.

- ✈ Alle anderen Geräte über 250gr dürfen hingegen nur mit Nachweis über den sicheren Umgang betrieben werden und benötigen eine entsprechende Erlaubnis.

- ✈ Ebenfalls sollen diese Geräte Abstand zu am Boden befindlichen Dritten halten und eine Maximalhöhe von 150m AGL nicht überschreiten.

- ✈ Der Betrieb hat nur in Sichtweite zu erfolgen und Abstände zu Flugplätzen und sensiblen Gebieten sind einzuhalten[155]

Wie wir sehen, ähnelt diese Kategorie den bisherigen Regeln in Deutschland. Allerdings wird hier nicht unbedingt zwischen Flugmodellen und UAV unterschieden.

Die specific-Kategorie birgt ein mittleres Risiko und bedarf einer behördlichen Genehmigung. Eine Risikobewertung durch den Betreiber sowie Maßnahmen zur Risikominimierung sind in einem Betriebshandbuch festzuhalten, welches in jedem Fall bereitzustellen ist.

Für den Betrieb soll es eine Grundlage geben: Die so genannte SORA *(specific operation risk assessment)* gibt den Rahmen vor. In dem Assessment wird geprüft, in welchem Gebiet *(z.B. dicht besiedeltes Wohngebiet, Wetter etc.)* der Aufstieg erfolgen soll. Ebenfalls wird der jeweilige Luftraum in die Abwägung mit einbezogen und das UAV an sich auf seine Attribute geprüft *(z.B. Sicherheitssysteme, Gewicht usw.)*. Wenn Sie genaueres wissen wollen, freuen Sie sich auf das Anfang 2017 erscheinende Buch von Dr. Drohne zum Thema SORA.

Einen weiteren Aspekt stellt die Nutzung an sich dar, also was soll wie gemacht werden. In dieser Kategorie spielt auch die Erfahrung des Steuerers eine Rolle, ebenso die des eventuellen Operators. Zuletzt soll ebenfalls geprüft werden, welche Auswirkungen der Betrieb auf die Umwelt haben könnte.

Eine Aufstiegserlaubnis wird in dieser Kategorie ein absolutes Muss. Erteilt werden soll diese durch die nationalen Landesluftfahrtbehörden nach den Maßgaben der SORA und des Betriebshandbuchs.[156]

Die certified-Kategorie hat das Höchstmaß an Risiko, bedingt durch den Einsatz und/ oder das Gewicht. Hier sollen Maßstäbe Anwendung finden, die große Parallelen zur bemannten Luftfahrt haben. Auch hier sollen die Behörden für die Erteilung und Überwachung zuständig sein.

Zur Sachkunde reicht ein normaler Befähigungsnachweis aber nicht aus: es soll eine Lizenz geben. Das bereits jetzt formulierte ROC – Remote Operator Certificate- stellt deutlich höhere Ansprüche.

Der Erwerb soll analog zu den Richtlinien der bemannten Luftfahrt an weitere Bedingungen, wie etwa persönliche Qualitäten, geknüpft sein. Auch müssen hier die Anwendungsbereiche definiert werden, da es sich um schwere Geräte und/ oder gefährliche Einsätze handelt.[157]

Die Regelungen aus der EU werden kommen, nur ist fraglich, wann dies geschehen wird. Man schätzt aktuell, dass bis zur endgültigen Umsetzung noch einige Jahre vergehen werden. Mit einer vorgelagerten deutschen Lösung ist demnach entsprechend früher zu rechnen.

Kapitel 13: Flugübungen

Flugübungen

In diesem Kapitel werden Ihnen grundlegende Flugmanöver vorgestellt, die auch in vielen Praxisprüfungen für Befähigungsnachweise vorkommen können. Sie sollten diese Übungen alle perfekt beherrschen.

Beim Üben sollten Sie bei gutem Wetter *(windstill)* und mit allen Hilfsinstrumenten wie GPS starten. Fliegen Sie die Figuren so lange, bis Sie wirklich fit sind. Mit genügend Routine in der Tasche können Sie nun auch das GPS ausstellen und werden feststellen, dass Sie das Gerät weitaus schlechter beherrschen, als gedacht.

Beim ersten Flug ohne GPS sollte es komplett windstill sein. Ohne GPS hält das Gerät nur noch die Höhe automatisch, vertikal beeinflusst nun selbst ein kleines Lüftchen die Fluglage bzw. Position. Sie werden sehen, dass der Multicopter mit dem Wind abtreiben wird und die Steuerung nicht mehr so leicht von der Hand geht.

Es ist wichtig, dass Sie Ihr Gerät auch ohne Hilfsmittel sicher landen und steuern können. Fällt während eines Einsatzes nämlich eines der Instrumente aus, haben Sie keine andere Wahl. Mit Blick auf die vorangegangenen Kapitel und der hoffentlich erfolgten Sensibilisierung, sollten Sie übereinstimmen, dass es im Rahmen der Gefahrenabwehr ein nötiges Erfordernis darstellt, dass Sie im Notfall nicht zum ersten Mal ohne Hilfsmittel fliegen und das Gerät sicher landen können.

Wenn Sie die Figuren auch ohne GPS beherrschen, können Sie problemlos an einer Prüfung teilnehmen. Fragen Sie vor der Anmeldung zur Prüfung bei der Firma oder dem Verein nach, welche Anforderungen in der Prüfung gestellt werden.

Kommen wir nun zu den Grundmanövern und deren Ausführung.

Übung 1: Hovern

Starten Sie den Multicopter und lassen ihn auf der Stelle in konstanter Höhe schweben *(hovern)*. Bleiben Sie dabei nicht zu nah am Boden, um den Bodeneffekt zu vermeiden.

Ohne GPS werden Sie merken, dass der Wind nicht nur in der Theorie die Position des Copters beeinflusst, sondern das Gerät mit dem Wind abdriftet. Das hovern in Bodennähe ist eine Basisübung, die Sie vor jedem Einsatz machen sollten.

Denn driftet mit GPS das Gerät ab bzw. verändert seine Position, stimmt etwas nicht, Sie sind im falschen Modus oder es ist zu viel Wind. Landen Sie schnellstmöglich.

Übung 2: Schwebeflug „VOR und ZURÜCK"

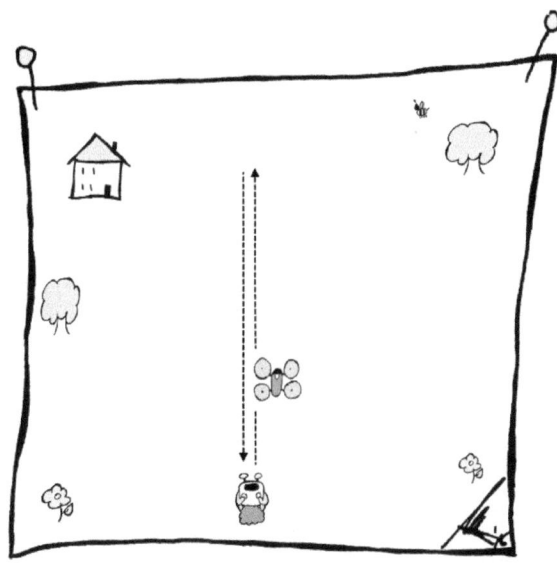

1. Aus der „Hoverposition" steuern Sie den Multicopter vorwärts und fliegen eine gerade Strecke von etwa 10m.

2. Verharren Sie kurz am Zielpunkt ohne abzudriften.

3. Kehren Sie zum Ursprung zurück ohne den Multicopter zu wenden.

4. Wiederholen Sie diese Übung einige Male.

5. **Abwandlung**: Probieren Sie das einmal in seitlicher Lage und alternativ mit „Nase" zu Ihnen gerichtet.

Übung 3: Schwebeflug „VOR, U-TURN und ZURÜCK"

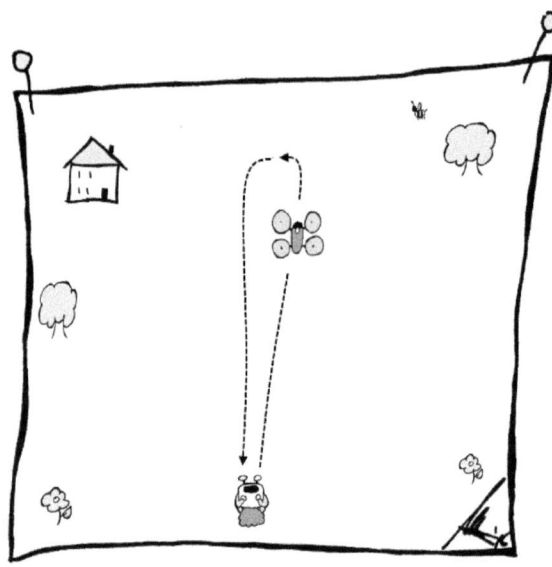

1. Aus der „Hoverposition" steuern Sie den Multicopter vorwärts und fliegen eine gerade Strecke von etwa 10m.

2. Wenden Sie am Ende ohne zu stoppen.

3. Kehren Sie zum Ursprung zurück.

4. Wiederholen Sie diese Übung einige Male

Übung 4: Schwebeflug „LINKS-RECHTS"

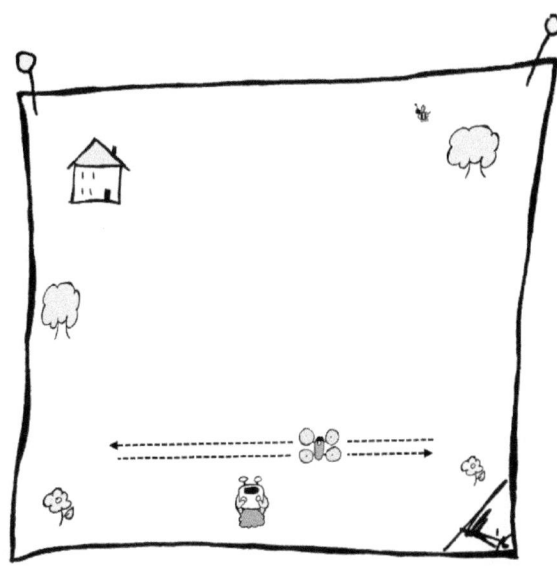

1. Aus der Hoverposition steuern Sie den Multicopter seitwärts und fliegen eine gerade Strecke von etwa 5m.

2. Verharren Sie kurz am Zielpunkt ohne abzudriften.

3. Kehren Sie zum Ursprung zurück, ohne den Multicopter zu wenden und fliegen Sie ohne anzuhalten 5m zur anderen Seite.

4. Wiederholen Sie diese Übung einige Male

5. **Abwandlung**: Probieren Sie das einmal alternativ mit „Nase" zu Ihnen gerichtet oder mit gedrehtem Multicopter.

Übung 5: Schwebeflug links-rechts-hinten

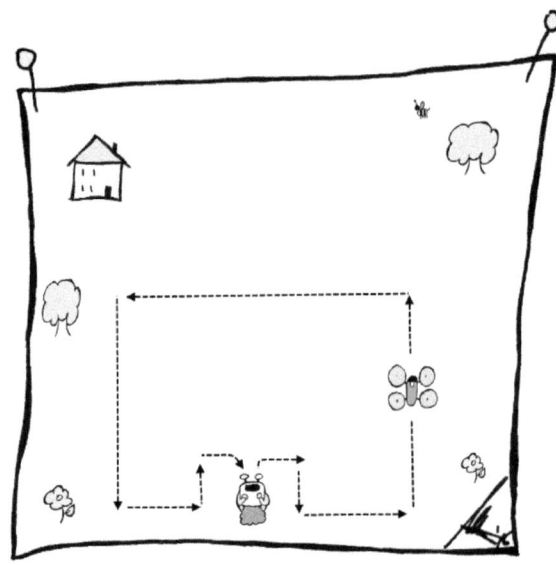

1. Aus der „Hoverposition" steuern Sie den Multicopter seitwärts und fliegen eine gerade Strecke von etwa 1m.

2. Setzen Sie den Copter zurück, etwa auf Ihre Position. Fliegen Sie 4m seitwärts.

3. Fliegen Sie 10m vorwärts und dann ca. 10m seitwärts.

4. Fliegen Sie 10m rückwärts, dann 4m seitwärts in Ihre Richtung.

5. Steuern Sie 1m nach vorn, und kehren Sie zum Ursprung zurück.

6. **Abwandlung**: Fliegen Sie das gleiche Muster anders herum oder wenden Sie den Copter.

Übung 6: Der Kreis

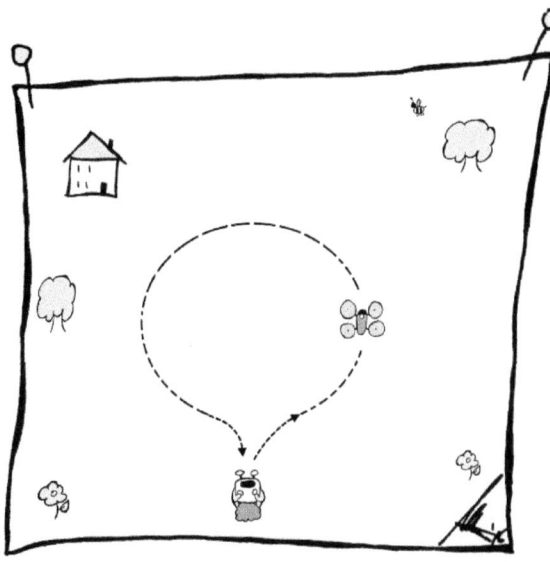

1. Fliegen Sie einen Kreis *("Nase" immer in Flugrichtung)* mit einem Durchmesser von etwa 8 Metern.

   Diese Übung klingt leichter, als sie in Wirklichkeit ist. Versuchen Sie den Kreis auch als solchen zu fliegen und nicht zu "eiern". Mit leichtem Wind nicht ganz einfach.

2. **Abwandlung**: Fliegen Sie den Kreis links herum, rückwärts, vertikal oder mit "Nase nach vorne". Hier wird es knifflig. Alternativ können Sie auch die Kreisgröße variieren.

Übung 7: Ziel umkreisen

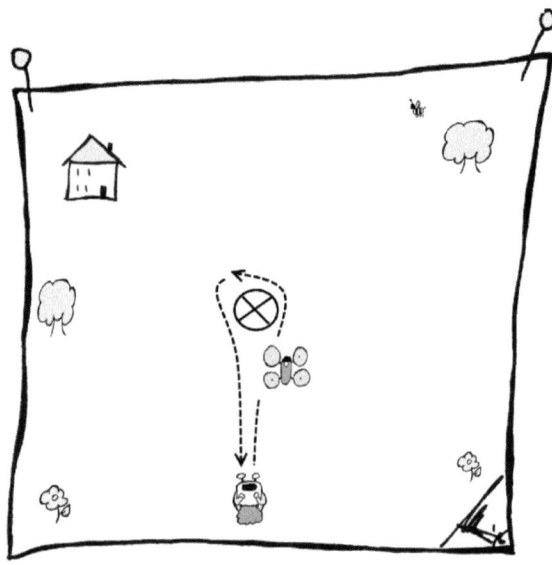

1. Fliegen Sie auf das Ziel zu („Nase" immer in Flugrichtung) und umkreisen Sie es so eng wie möglich.

2. Kehren Sie zurück zum Ursprung.

3. **Abwandlung**: Fliegen Sie links herum, rückwärts oder mit „Nase nach vorne". Hier wird es knifflig.

Übung 8: Rechteck

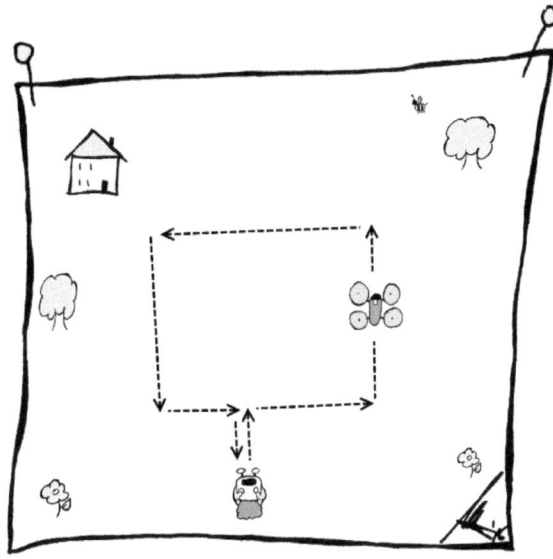

1. Aus der „Hoverposition" steuern Sie den Multicopter 3m seitwärts und fliegen eine gerade Strecke von etwa 3m vorwärts.

2. Fliegen Sie 6m Seitwärts und dann 3m rückwärts.

3. Kehren zum Ursprung zurück.

4. **Abwandlung**: Fliegen Sie das gleiche Muster anders herum oder wenden Sie den Multicopter mit der „Nase" immer zur Flugrichtung.

Übung 9: Position anfliegen

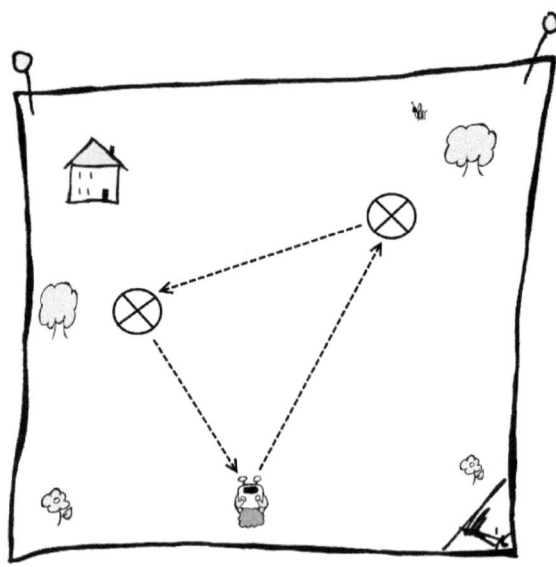

1. Aus der Hoverposition steuern Sie den Multicopter auf direktem Weg zu Ziel 1.

2. Nach kurzem verweilen fliegen Sie zu Ziel 2.

3. Kehren Sie zurück zum Ursprung.

4. **Abwandlung**: Fliegen Sie das gleiche Muster anders herum oder nehmen Sie mehrere Ziele, die Sie nacheinander anfliegen.

Übung 10: Die Acht

1. Fliegen Sie eine 8 *(„Nase" immer in Flugrichtung)* mit einem Durchmesser der Kreise von ca. 5 Metern.

2. **Abwandlung**: Fliegen Sie die Acht anders herum oder mit „Nase" in konstanter Richtung.

Übung 11: Der Nasenkreis

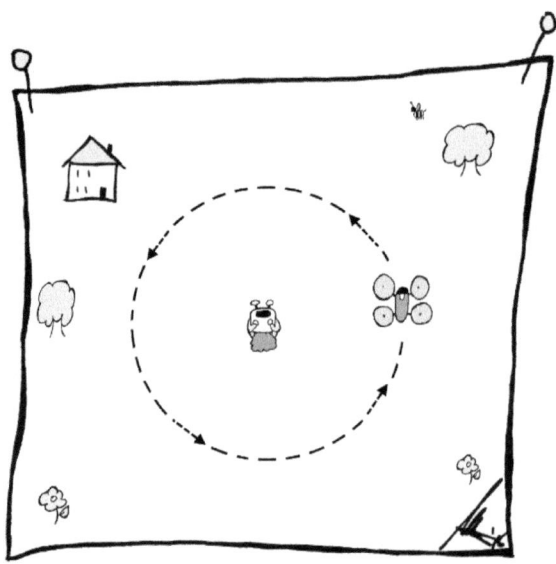

1. Fliegen Sie einen *Kreis (Nase immer in Flugrichtung)* mit einem Durchmesser von etwa 8 Metern um sich herum.

2. **Abwandlung**: Fliegen Sie den Kreis links herum, rückwärts, oder seitwärts *(entweder Nase oder Heck konstant auf Sie gerichtet)* Hier wird es knifflig. Alternativ können Sie auch die Kreisgröße variieren.

Übung 12: Parade

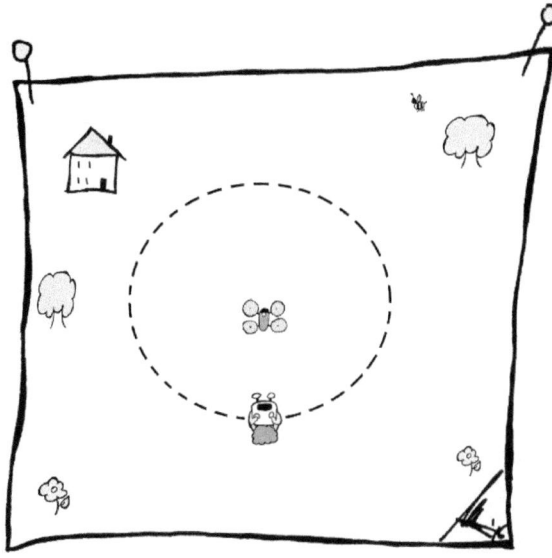

1. Gehen Sie einen Kreis mit einem Durchmesser von etwa 8 Metern um den Multicopter herum. Der Multicopter muss Position und Blickrichtung beibehalten.

2. **Abwandlung**: Gehen Sie andersherum oder variieren Sie die Kreisgröße.

Sonstige Übungen

Landen

Eine weitere Übung ist das gezielte Landen auf einem bestimmten Punkt *(siehe Übung 9)* oder auch eine Notlandung. Bei der Punktlandung sollte der Zielpunkt möglichst genau getroffen werden. Daher sollte dieser nicht zu weit entfernt sein, etwa 10m. Bei der Notfalllandung geht es um zügiges Landen an beliebigem, aber sicherem Ort.

Anflugmanöver Spiegelverkehrt

Analog zur Übung 3 kann auch gefordert werden, beim Rückflug den Copter nach links zu driften. Weil die Nase zum Steuerer zeigt, muss hier umgedacht werden und der Steuerknüppel nach rechts gehen. Diese Übung ist sehr beliebt und führt, im Prüfungsstress, oft zu Steuerfehlern.

Streckenschätzung

Hier kann gefordert werden, dass Sie ohne helfenden Blick auf die Telemetrie das Gerät 30m nach vorne und 20m in die Höhe stellen.

Und nun: Viel Spaß beim Üben, Fliegen, Fotografieren und jederzeit eine sichere Landung!

Kapitel 14 – Kontaktdaten der Landesbehörden

Kapitel 13 – Kontaktdaten der Landesbehörden

Landesluftfahrtbehörde Baden-Württemberg
Regierungspräsidium Stuttgart
Ruppmannstr. 21
70507 Stuttgart
Telefon: +49 711 904-0
E-Mail: poststelle@rps.bwl.de
Internet: www.rp-stuttgart.de

Regierungspräsidium Karlsruhe
Schlossplatz 4-6
76131 Karlsruhe
Telefon: +49 721 926-0
E-Mail: poststelle@rpk.bwl.de
Internet: www.rp-karlsruhe.de

Regierungspräsidium Freiburg
Kaiser-Joseph-Str. 167
79083 Freiburg i. Br.
Tel.: +49 761 208-0
E-Mail: poststelle@rpf.bwl.de
Internet: www.rp-freiburg.de

Regierungspräsidium Tübingen
Konrad-Adenauer-Str. 20
72072 Tübingen
Telefon: +49 7071 757-0
E-Mail: poststelle@rpt.bwl.de
Internet: www.rp-tuebingen.de

Landesluftfahrtbehörde Bayern

Regierung von Oberbayern - Luftamt Südbayern – Maximilianstr. 39
80538 München
Telefon: +49 89 2176-0
E-Mail: poststelle@reg-ob.bayern.de
Internet: www.regierung.oberbayern.bayern.de

Regierung von Mittelfranken - Luftamt Nordbayern - Flughafenstraße 118
90411 Nürnberg
Telefon: +49 911 52700-0
E-Mail: Luftamt.nord@reg-mfr.bayern.de
Internet: www.regierung.mittelfranken.bayern.de

Landesluftfahrtbehörde Berlin
Landesluftfahrtbehörde Brandenburg

Gemeinsame Obere Luftfahrtbehörde Berlin-Brandenburg
Mittelstraße 5/5a
12529 Schönefeld
Tel.: +49 3342 4266-4001
E-mail: PoststelleLUBB@LBV.brandenburg.de
Internet: www.lbv.brandenburg.de/Luftfahrt.htm

Landesluftfahrtbehörde Bremen

Senator für Wirtschaft, Arbeit und Häfen der Freien Hansestadt Bremen
Zweite Schlachtpforte 3
28195 Bremen
Telefon: +49 421 361-8808
E-Mail: luftfahrttechnik@wah.bremen.de
Internet: www.wirtschaft.bremen.de

Landesluftfahrtbehörde Hamburg

Behörde für Wirtschaft, Verkehr und Innovation Referat: Grundsatzfragen, Luftverkehrs- und Luft- sicherheitsrecht
Alter Steinweg 4, 20459 Hamburg
Telefon: +49 40 42841-0
E-Mail: poststelle@bwvi.hamburg.de
Internet: www.hamburg.de/bwvi/luftverkehr

Landesluftfahrtbehörde Hessen

Regierungspräsidium Darmstadt
Luisenplatz 2, 64283 Darmstadt
Telefon: +49 6151 12-0
E-Mail: Poststelle@rpda.hessen.de
Internet: www.rp-darmstadt.de

Regierungspräsidium Kassel
Steinweg 6, 34117 Kassel
Telefon: +49 561 106-0
E-Mail: poststelle@rpks.hessen.de
Internet: www.rp-kassel.de

Landesluftfahrtbehörde Mecklenburg-Vorpommern

Ministerium für Energie, Infrastruktur und Landesentwicklung Mecklenburg-Vorpommern
Schloßstraße 6 – 8, 19053 Schwerin
Telefon: +49 385 588-0
E-Mail: poststelle@em.mv-regierung.de
Internet: www.mv-regierung.de

Landesluftfahrtbehörde Niedersachsen

Niedersächsische Landesbehörde für Straßenbau und Verkehr - Geschäftsbereich Wolfenbüttel
Sophienstr. 5, 38304 Wolfenbüttel
Telefon: +49 5331 8809-0
E-Mail: poststelle-wf@nlstbv.niedersachsen.de
Internet: www.luftverkehr.niedersachsen.de

Niedersächsische Landesbehörde für Straßenbau und Verkehr - Geschäftsbereich Oldenburg
Kaiserstr. 27, 26122 Oldenburg
Telefon: +49 441 2181-214/219
E-Mail: poststelle-ol@nlstbv.niedersachsen.de
Internet: www.luftverkehr.niedersachsen.de

Landesluftfahrtbehörde Nordrhein-Westfalen

Bezirksregierung Düsseldorf
Cecilienallee 2, 40474 Düsseldorf
Telefon: +49 211 475-0
E-Mail: poststelle@brd.nrw.de
Internet: www.brd.nrw.de

Bezirksregierung Münster
Domplatz 1-3, 48143 Münster
Telefon: +49 251 411-0
E-Mail: poststelle@brms.nrw.de
Internet: www.bezreg-muenster.nrw.de

Landesluftfahrtbehörde Rheinland-Pfalz

Landesbetrieb Mobilität Rheinland-Pfalz
Außenstelle Flughafen Hahn Gebäude 890
55483 Hahn Flughafen
Telefon: +49 6543 50-8801
E-Mail: lbm@lbm.rlp.de
Internet: www.lbm.rlp.de

Landesluftfahrtbehörde Saarland

Ministerium für Wirtschaft, Arbeit, Energie und Verkehr
Franz-Josef-Röder-Straße 17, 66119 Saarbrücken
Telefon: +49 681 501-4249
E-Mail: referat.d2@wirtschaft.saarland.de
Internet: www.saarland.de

Landesluftfahrtbehörde Sachsen

Landesdirektion Sachsen
Stauffenbergallee 2, 01099 Dresden
Telefon: +49 351 825-0
E-Mail: post@lds.sachsen.de
Internet: www.lds.sachsen.de/luftverkehr

Landesluftfahrtbehörde Sachsen-Anhalt

Landesverwaltungsamt Sachsen-Anhalt
Ernst-Kamieth-Straße 2, 06112 Halle (Saale)
Telefon: +49 345 514-0
E-Mail: Poststelle@lvwa.sachsen-anhalt.de
Internet: www.landesverwaltungsamt.sachsen-anhalt.de

Landesluftfahrtbehörde Schleswig-Holstein

Landesbetrieb Straßenbau und Verkehr Schleswig-
Mercantostr. 9, 24106 Kiel
Telefon: +49 431 383-2408
E-Mail: Edwin.Eweleit@lbv-sh.landsh.de
Internet: www.lbv-sh.de

Landesluftfahrtbehörde Thüringen

Thüringer Landesverwaltungsamt
Weimarplatz 4, 99423 Weimar
Telefon: +49 361 3770-0
E-Mail: poststelle@tlvwa.thueringen.de
Internet: www.thueringen.de

Kapitel 15 - Kontakt der Flugsicherung bei Verkehrsflughäfen

Kapitel 14 - Kontakt Flugsicherung bei Verkehrsflughäfen

Berlin-Schönefeld
DFS Deutsche Flugsicherung GmbH
Tower-Niederlassung
Airport Center Schönefeld
Mittelstraße 5–5a
12529 Schönefeld
Tel.: (030) 616 543 101

Berlin-Tegel
DFS Deutsche Flugsicherung GmbH
Tower-Niederlassung Berlin-Tegel
Mittelstraße 5–5a
12529 Schönefeld
Tel.: (030) 616 543 101

Braunschweig-Wolfsburg
Austro Control
Lilienthalplatz 5
38108 Braunschweig
Tel.: (0531) 35440-30

Bremen
DFS Deutsche Flugsicherung GmbH
Tower-/Center-Niederlassung
Flughafendamm 45
28199 Bremen
Tel.: (0421) 5372-0

Dortmund
The Tower Company
Zentrale
Ohmstraße 12
63225 Langen
Tel.: (06103) 80474-0
E-Mail: info@the-tower-company.de

Dresden
DFS Deutsche Flugsicherung GmbH
Tower-Niederlassung Dresden
Hermann-Reichelt-Straße 25
01109 Dresden
Tel.: (0351) 8825-0

Düsseldorf
DFS Deutsche Flugsicherung GmbH
Tower-Niederlassung Düsseldorf
Terminal Ring 10
40474 Düsseldorf
Tel.: (0211) 4154-0 oder -111

Erfurt-Weimar
DFS Deutsche Flugsicherung GmbH
Tower-Niederlassung Erfurt/Weimar
Flughafen
99092 Erfurt
Tel.: (0361) 22323-0

Frankfurt am Main
DFS Deutsche Flugsicherung GmbH
Flughafen – Gebäude 340
60549 Frankfurt/Main
Tel.: (069) 63 80 95-202

Frankfurt-Hahn
The Tower Company
Zentrale
Ohmstraße 12
63225 Langen
Tel.: (06103) 80474-0
E-Mail: info@the-tower-company.de

Friedrichshafen
Flughafen Friedrichshafen GmbH
Postfach 1520
88005 Friedrichshafen
Germany, Baden-Württemberg
Tel.: (7541) 28401

Hamburg
DFS Deutsche Flugsicherung GmbH
Tower-Niederlassung Hamburg
Flughafen Hamburg, Gebäude 335
22335 Hamburg
Tel.: (040) 50 71 17-100

Hannover-Langenhagen
DFS Deutsche Flugsicherung GmbH
Tower-Niederlassung Hannover
Heinz-Peter-Piper-Straße 12
30855 Langenhagen
Tel.: (0511) 7797-101

Heringsdorf
Flughafen Heringsdorf GmbH
Am Flughafen 1
17419 Zirchow
Tel.: (038376) 20398

Karlsruhe/ Baden-Baden
Flughafen Karlsruhe/ Baden-Baden
Halifax Avenue B420 (Terminal)
77836 Rheinmünster
Tel. (07229) 662333

Kassel-Calden
Flughafen GmbH Kassel
Fieseler-Storch-Straße 40
34379 Calden
Tel.: (05674) 2153-170

Köln-Bonn
DFS Deutsche Flugsicherung GmbH
Tower-Niederlassung Köln/Bonn
Heinrich-Steinmann-Straße
51147 Köln
Tel.: (02203) 5707-111

Lahr
The Tower Company
Zentrale
Ohmstraße 12
63225 Langen
Tel.: (06103) 80474-0
E-Mail: info@the-tower-company.de

Leipzig/Halle
DFS Deutsche Flugsicherung GmbH
Tower-Niederlassung Leipzig/Halle
Towerstraße 2
04435 Schkeuditz
Tel.: (0341) 4667-100

Lübeck
Flughafen Lübeck GmbH
Blankenseerstraße 101
23560 Lübeck
Germany, Schleswig-Holstein
Tel.: (0451) 583010

Magdeburg/Cochstedt
The Tower Company
Harzstraße 1
39444 Hecklingen
Telefon: +49 (0) 39267 606-206
E-Mail: verkehrsleitung@airport-cochstedt.de

Memmingen Allgäu Airport
The Tower Company
Zentrale
Ohmstraße 12
63225 Langen
Tel.: (06103) 80474-0
E-Mail: info@the-tower-company.de

Mönchengladbach
The Tower Company
Zentrale
Ohmstraße 12
63225 Langen
Tel.: (06103) 80474-0
E-Mail: info@the-tower-company.de

München
DFS Deutsche Flugsicherung GmbH
Center-Niederlassung München
Nordallee 34
85356 München-Flughafen
Tel.: (089) 9780-0

Münster-Osnabrück
DFS Deutsche Flugsicherung GmbH
Tower-Niederlassung Münster/Osnabrück
Airportallee 1
48268 Greven
Tel.: (02571) 9395-0

Neubrandenburg
Flughafen Neubrandenburg-Trollenhagen
Flughafenstrasse
17039 Trollenhagen
Tel.: (0395) 45540

Niederrhein
Flughafen Niederrhein GmbH
Flughafen-Ring 60
47657 Weeze
Tel.: (02837) 666600

Nürnberg
DFS Deutsche Flugsicherung GmbH
Tower-Niederlassung Nürnberg
Flughafenstraße 120
90411 Nürnberg
Tel.: (0911) 360 59-0

Paderborn/ Lippstadt
The Tower Company
Zentrale
Ohmstraße 12
63225 Langen
Tel.: (06103) 80474-0
E-Mail: info@the-tower-company.de

Rostock-Laage
Flughafen Rostock-Laage-Güstrow GmbH
Flughafenstr. 1
18299 Laage
Tel.: +(038454) 321 390

Saarbrücken
DFS Deutsche Flugsicherung GmbH
Tower-Niederlassung Saarbrücken
Flughafen
Balthasar-Goldstein-Straße
66131 Saarbrücken
Tel.: (06893) 8008-0

Schwerin-Parchim
Dammer Weg/Flughafengelände
19370 Parchim
Tel.: (03871) 607 0

Siegerland
Siegerland-Flughafen GmbH
Flughafenstraße 8
57299 Burbach
Tel.: (02736) 6844

Strahlsund-Barth
Siegerland-Flughafen GmbH
Flughafenstraße 8
D-57299 Burbach
Tel.: (038231) 89551

Stuttgart
DFS Deutsche Flugsicherung GmbH
Tower-Niederlassung Stuttgart
Plieninger Straße 70
70794 Filderstadt
Tel.: (0711) 72257-101

Sylt
Flughafen Sylt GmbH
Flughafen
25980 Sylt-Ost
Tel.: (04651) 92060

Zweibrücken
Flughafen Zweibrücken GmbH
Berliner Allee 11 - 21
66482 Zweibrücken
Tel.: +(06332) 974640

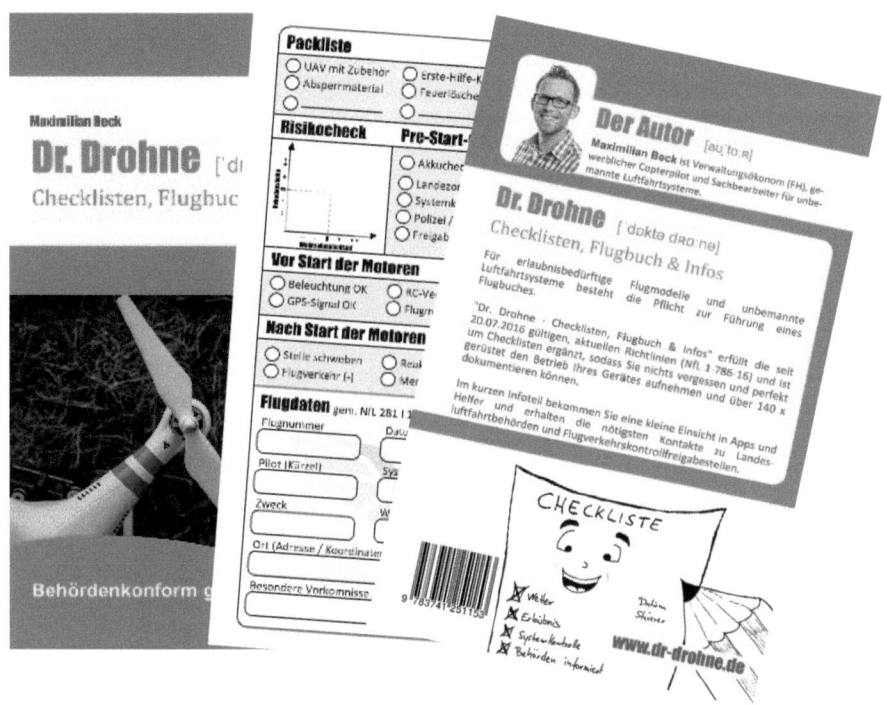

Steigen Sie auf, aber vergessen Sie nicht, Ihren Pflichten nachzukommen. Das Führen eines Flugbuches ist gem. NfL 1-786-16 für Inhaber einer Erlaubnis Pflicht.

Sie haben keine Lust auf das Erstellen von eigenen Excel-Tabellen?

Testen Sie unser Flugbuch, denn es hat Checklisten, Infos und Platz für über 140 Aufstiege:

„Dr. Drohne – Checklisten, Flugbuch & Infos"

ISBN: 978-3-74125-1153

Quellen

[1] https://pixabay.com/de/sprechblasen-rechteck-kommunikation-874841/
[2] https://static.pexels.com/photos/67699/pexels-photo - 67699.jpeg
[3] Vgl. http://www.informatik.uni-oldenburg.de/~iug08/ snd/ ethik_aspekte.html
[4] Eigene Darstellung
[5] Eigene Darstellung
[6] Eigene Darstellung
[7] Eigene Darstellung
[8] Eigene Darstellung
[9] Hier gibt es föderale Unterschiede, die sie im Kapitel der landestypischen Besonderheiten nachlesen können.
[10] Vgl. § 1 Abs. 2 Satz 2 LuftVG i. V. m. § 20 Abs. 1 Nummer 7 LuftVO
[11] Eigene Darstellung
[12] § 1 Absatz 2 Satz 3 LuftVG
[13] Vgl. § 1 Abs. 2 Satz 2 LuftVG
[14] maximum take-off weight = maximales Abfluggewicht
[15] http://www.dji.com/de/product/inspire-1-pro-and-raw/info
[16] Vgl. § 20 Abs. 1 Nummer 1d) LuftVO
[17] Vgl. § 21 Abs. 1 Nummer 2. LuftVO
[18] https://pixabay.com/de/stadt-wolkenkratzer-geb%C3%A4ude-stra%C3%9Fen-1149871/
[19] Vgl. § 20 Abs. 1 Nummer 1d) LuftVO
[20] Vgl. https://www.dmfv.aero/recht/die-aufstiegserlaubnis-fuer-flugmodelle/
[21] Vgl. http://tinyurl.com/h4wq4qg
[22] http://tinyurl.com/zkkw9o2
[23] https://pixabay.com/de/m%C3%BCnsterplatz-ulm-menschen-592752/
[24] vgl. http://tinyurl.com/jrfrw4y
[25] Vgl. https://www.dmfv.aero/presse/presse-meldungen/dmfv-sorgt-fuer-rechtssicherheit/
[26] vgl. http://tinyurl.com/zkkw9o2
[27] Facebook hat in den Einstellungsoptionen die Möglichkeit, dass man Inhalte nur dem Freundeskreis zur Verfügung stellt und die Freunde und Abonnenten die Inhalte nicht teilen können.
[28] die hier gemachten Angaben basieren auf Aussagen des Bundeslandes Niedersachsen und des BMVI. Sollten Sie Bedenken haben, ob Ihr Bundesland auch so verfährt, kontaktieren Sie Ihre zuständige Behörde. Die Quelle ist hier ein vom DMFV veröffentlichter Fragebogen, der vom BMVI beantwortet worden ist.
[29] http://tinyurl.com/gvc484z
[30] Eigene Darstellung
[31] Vgl. § 20 Abs. 3 LuftVo
[32] Hier haben die Länder Berlin und Hamburg eine gesonderte Stellung, da dort nur Einzelerlaubnisse erteilt werden.
[33] https://pixabay.com/de/schreiben-person-papierkram-papier-828911/
[34] Vgl. NfL 1-786-16 S. 2
[35] Failsafe ist eine Sicherheitsmaßnahme, die bspw. im Notfall das System sicher landet.
[36] Vgl. NfL 1-786-16 2.1.2 und 2.2.2
[37] Eigene Darstellung, frei nach https://pixabay.com/de/deutschland-deutschlandkarte-1281059/

[38] Vgl. NfL 1-786-16 2.1.2
[39] Vgl. NfL 1-786-16 S. 7
[40] Vgl. NfL 1-786-16 S. 7
[41] Fotograf Shane Perry; https://stocksnap.io/photo/488I2RQM4U
[42] Vgl. NfL 1-786-16 2.1.4
[43] Vgl. NfL 1-786-16 2.1.4
[44] Dies begründet sich in Abschnitt VI Ziffer 16 a i. V. M. § 2 Absatz 2 LuftkostV
[45] Vgl. NfL 1-786-16 2.1.5
[46] Eigene Darstellung, frei nach https://pixabay.com/de/deutschland-deutschlandkarte-1281059/
[47] Vgl. NfL 1-786-16 2.2.2
[48] Das Copyright der Karte liegt bei Google Earth, Digital Globe 2016, Kartendaten, GeoBasis DE/ BGK 2009 https://www.google.de/maps/place/Bad+Harzburg/@51.8789349,10.5601349,613a,20y,41.47t/data=!3m1!1e3!4m5!3m4!1s0x47a514ce6a1f388d:0x425ac6d94ac3f60!8m2!3d51.8866888!4d10.5522144
[49] Erstellt mit Yuneec Q500, Copyright M.Beck
[50] NfL 1-786-16 S. 5
[51] https://pixabay.com/de/drohne-mann-menschen-nike-rucksack-926392/
[52] Eigene Darstellung, frei nach https://pixabay.com/de/deutschland-deutschlandkarte-1281059/
[53] vgl. http://www.lbv.brandenburg.de/3348.htm#t_berlin
[54] Vgl. auch NfL 1-786-16 S. 9
[55] Vgl. § 19 Abs. 3 Satz 3 LuftVO
[56] https://pixabay.com/de/drohne-quadcopter-kontrolle-1155507/
[57] Vgl. NfL 1-786-16 Seite 7
[58] Vgl. § 37 LuftVO i. V. m. SERA 5005
[59] Vgl. NfL 1-786-16 Seite 7 und 9
[60] Vgl. § 58 Abs. 1 Nummer 10 LuftVG i.V.m. § 44 Abs. 1 Nummer 16. LuftVo
[61] Eine Berechnung des freien Falls ist über Generatoren problemlos zu erledigen, bspw. diesem: https://jumk.de/formeln/freier-fall.shtml
[62] https://pixabay.com/de/drone-phantom-dji-professional-1112754/
[63] Geometrische Dreiecksberechnung, Wind ist ein weiterer Faktor!
[64] Vgl. http://www.focus.de/kultur/musik/musik-konzert-in-mexiko-enrique-iglesias-am-finger-verletzt_id_4719370.html
[65] Vgl. NfL 1-786-16 S. 9
[66] Vgl. NfL 1-786-16 S. 9
[67] Vgl. NfL 1-786-16 S. 9
[68] Vgl. NfL 1-786-16 S. 9
[69] Vgl. NfL 1-786-16 S. 6
[70] Das bedeutet sinngemäß „erklärend", also nicht rechtsbegründend
[71] Vgl. NfL 1-786-16 S. 9
[72] Vgl. NfL 1-786-16 S. 9
[73] https://pixabay.com/de/drohne-helikopter-flugger%C3%A4t-fliegen-592217/
[74] Vgl. NfL 1-786-16 S. 9
[75] https://pixabay.com/de/die-drohnen-himmel-freizeit-box-1134764/
[76] Vgl. http://www.n-tv.de/wirtschaft/DHL-testet-erfolgreich-Notfall-Drohne-article13987266.html
[77] Vgl. NfL 1-786-16 S. 9
[78] Karten, in denen Lufträume und Hindernisse eingezeichnet sind

[79] Vgl. NfL 1-786-16 S. 10
[80] Vgl. NfL 1-786-16 S. 10
[81] Vgl. http://www.spiegel.de/panorama/london-heathrow-flugzeug-kollidierte-doch-nicht-mit-drohne-a-1089839.html
[82] Vgl. NfL 1-786-16 S. 10
[83] Vgl. NfL 1-786-16 S. 10
[84] Vgl. NfL 1-786-16 S. 1
[85] Vgl. NfL 1-786-16 S. 10
[86] Vgl. NfL 1-786-16 S. 10f
[87] § 58 Abs. 1 Nummer 10 LuftVG i.V.m. § 44 Abs. 1 Nummer 16 LuftVO
[88] www.dr-drohne.de
[89] Vgl. NfL 1-786-16 S. 11
[90] Vgl. § 1 Abs. 2 LuftVG
[91] https://www.dmfv.aero/files/DMFV-Broschuere-Versicherungen.pdf, Seite 18
[92] Vgl. NfL 1-786-16 S. 11
[93] Vgl. NfL 1-786-16 S. 11
[94] Vgl. NfL 1-786-16 S. 11
[95] Vgl. NfL 1-786-16 S. 11
[96] Vgl. NfL 1-786-16 S. 12
[97] Vgl. NfL 1-786-16 S. 12
[98] Vgl. NfL 1-786-16 S. 12
[99] Vgl. NfL 1-786-16 S. 12
[100] gem. § 49 Absatz 2 Satz 1 Nummer 1 Verwaltungsverfahrensgesetz –VwVfG
[101] Vgl. NfL 1-786-16 S. 12
[102] Vgl. NfL 281 I 13 S. 8 +12
[103] Vgl. NfL 1-786-16 S. 12
[104] Vgl. NfL 281 I 13 S. 12
[105] Eigene Darstellung, mit freundlicher Freigabe der Daten der Firma Flynex
[106] Vgl. https://www.dfs.de/dfs_homepage/de/Flugsicherung/Luftraum/Luftraumstruktur_11122014.pdf
[107] Mit freundlicher Genehmigung der DFS Deutsche Flugsicherung GmbH, nicht für navigatorische Zwecke geeignet.
[108] Vgl. https://www.dfs.de/dfs_homepage/de/Flugsicherung/Luftraum/Luftraumstruktur_11122014.pdf
[109] § 58 Abs. 1 Nummer 10 i. V. m. § 44 Abs. 1 Nummer 17
[110] Vgl. http://www.dji.com/de/fly-safe/category-mc?www=v1
[111] Mit freundlicher Genehmigung von www.maps.openaip.net
[112] Vgl. NfL 1-681-16 2.2
[113] Vgl. NfL 1-681-16 3.2
[114] TTC NfL 1-466-15, Austro Control NfL 1-577-15
[115] Vgl. https://www.dfs.de/dfs_homepage/de/Flugsicherung/Luftraum/Luftraumstruktur_11122014.pdf
[116] Mit freundlicher Freigabe von www.flynex.de
[117] § 59 Abs. 1 Urheberrechtsgesetz
[118] https://www.wbs-law.de/internetrecht/die-rechtlichen-probleme-des-einsatzes-von-zivilen-drohnen-49854/

[119] https://www.wbs-law.de/internetrecht/die-rechtlichen-probleme-des-einsatzes-von-zivilen-drohnen-49854/
[120] § 22 Satz 1 + 2 KunstUrhG
[121] https://pixabay.com/de/m%C3%A4dchen-smartphone-apple-1192032/
[122] Vgl. https://www.wbs-law.de/internetrecht/die-rechtlichen-probleme-des-einsatzes-von-zivilen-drohnen-49854/
[123] http://www.mayer-ing.com/wp-content/uploads/2013/ 06/Risiko-Matrix.jpg
[124] Auf der Stelle „schweben"
[125] Vgl. http://www.esys.org/wetter/landwind-seewind-zirkulation.html
[126] Eigene Darstellung
[127] Vgl. http://www.fliegerclub-eichstaett.de/wissenswertes/aufwinde.html
[128] Eigene Darstellung
[129] Vgl. http://www.fliegerclub-eichstaett.de/wissenswertes/aufwinde.html
[130] Eigene Darstellung
[131] Eigene Darstellung
[132] Vgl. http://www.fliegerclub-eichstaett.de/wissenswertes/aufwinde.html
[133] Vgl. http://ruhrkultour.de/der-tornado-der-energiewende-wirbelschleppen/
[134] Vgl. http://www.ehelis.de/diverses/faq/206-lipo-akkus-umgang-und-pflege
[135] Vgl. http://www.hubschrauber.li/sogehts/aerodynamik/mai_aer_sch.htm
[136] Vgl. http://www.heliwelt24.de/cms/BodenEffekt
[137] Mit freundlicher Freigabe von www.kopter-profi.de
[138] Eine kmz-Datei kann in Google Earth geladen werden. Speziell die hier erwähnte legt Texturen der Lufträume über die Google-Karten.
[139] Ergänzt mit Infos
[140] Mit freundlicher Freigabe von www.flynex.de
[141] Vgl. § 55 Ordnungswidrigkeitengesetz; § 163a Strafprozessordnung
[142] Vgl. NfL 78/08 2.2.7
[143] No Drone Toolkit: https://www.faa.gov/uas/where_to_fly/no_drone_zone/media/2015-FAA-193_UAS_Toolkit_sd02.pdf
[144] Vgl. https://www.bmvi.de/SharedDocs/DE/Artikel/K/151108-drohnen.html
[145] Vgl. https://www.bmvi.de/SharedDocs/DE/Artikel/K/151108-drohnen.html
[146] Vgl. http://www.pro-modellflug.de/
[147] Vgl. https://www.bmvi.de/SharedDocs/DE/Artikel/K/151108-drohnen.html
[148] Vgl. https://www.bmvi.de/SharedDocs/DE/Artikel/K/151108-drohnen.html
[149] Vgl. https://www.bmvi.de/SharedDocs/DE/Artikel/K/151108-drohnen.html
[150] Vgl. https://www.bmvi.de/SharedDocs/DE/Artikel/K/151108-drohnen.html
[151] Vgl. https://www.easa.europa.eu/document-library/notices-of-proposed-amendment/npa-2015-10
[152] Vgl. A-NPA 2015-10 3.1
[153] Vgl. A-NPA 2015-10 3.1
[154] Vgl. A-NPA 2015-10 3.1
[155] Vgl. A-NPA 2015-10 3.2, ergänzt mit Informationen aus Fachvortrag Prof. Dr. Elmar Giemulla vom 15.03.2016
[156] Vgl. A-NPA 2015-10 3.2, ergänzt mit Informationen aus Fachvortrag Prof. Dr. Elmar Giemulla vom 15.03.2016
[157] Vgl. A-NPA 2015-10 3.2, ergänzt mit Informationen aus Fachvortrag Prof. Dr. Elmar Giemulla vom 15.03.2016